K&S

Bobby Herrmann-Thurner

Fat Business

Dicke sind nicht das Problem:
für eine Kehrtwende von Politik,
Medizin und Wirtschaft

KREMAYR & SCHERIAU

Dicke sind nicht das Problem: für eine Kehrtwende von Politik, Medizin und Wirtschaft

INHALT

EIN RAUM VOLL IGNORIERTEM POTENZIAL

Vorwort

Ein Raum voller lachender Menschen. Frauen, die sich gegenseitig bestätigen, wie großartig sie in dem neuen Kleid aussehen, wie hervorragend es ihnen steht. Menschen, die sich sonst gerne verstecken, die nicht auffallen wollen, laufen in Unterwäsche durch die Gegend, um neue Dinge anzuprobieren oder um gerade Probiertes weiterzugeben, an die Frau neben ihnen, der das Stück „wahrscheinlich noch besser steht".

Jedes Mal aufs Neue bin ich einfach überwältigt von dieser positiven Stimmung und Ausgelassenheit. Obwohl ich das Event – einen Plus Size Second Hand Markt – organisiere und somit auch für den Ablauf die Verantwortung trage, setze ich mich zwischendurch in die Mitte des Raumes und betrachte das bunte und fröhliche Treiben um mich herum. Mich rührt der Anblick zutiefst. Denn was hier passiert, ist sowas von nicht selbstverständlich.

Warum? Weil es sich bei all diesen glücklichen Menschen um dicke Menschen, um mehrgewichtige Menschen handelt. Sie alle so ausgelassen zu sehen, so frei von Angst vor Ablehnung, ist nicht nur der beste Teil meiner Arbeit, es zeigt mir auch so viel.

Ein Raum voll ignoriertem Potenzial

Es zeigt, wie es sein könnte, wenn nicht ständig Vorurteile und Kritik auf uns niederprasseln würden. Unbefangen und selbstsicher die eigenen vier Wände zu verlassen, ist ein Geschenk, dessen sich viele, die es besitzen, gar nicht bewusst sind.

Denn die Geschütztheit der eigenen Wohnung zu verlassen, bedeutet für dicke Menschen oft auch, dem Spott und der Kritik anderer ausgesetzt zu sein. Das macht etwas mit eine:r. Es macht unsicher, was wiederum Auswirkungen auf viele Bereiche des eigenen Lebens zur Folge hat. Ob man sich einen Karriereschritt nicht zutraut, sich gar nicht erst für den Job bewirbt oder um eine Gehaltserhöhung fragt, sich nichts Gutes gönnt, nicht gut zu sich selbst ist.

Ich selbst habe durch diese Unsicherheit einige Dinge gar nicht erst probiert. Diverse Sportarten zum Beispiel, Schaukeln (denn wer weiß, wie stabil die sind), diverse Bootsfahrten oder auch ein Ballbesuch. Ich setze mich ungern auf Bänke oder Stühle, die nicht wirklich stabil scheinen, und bleibe oft lieber stehen, nur so zur Sicherheit. Nichts Unangenehmeres als ein unter dir zusammengebrochener Stuhl. Die Blicke und auch das Gelächter möchte ich mir gerne ersparen.

In diesem Buch werde ich über so manch „unvergesslichen" Moment sprechen, denn ich denke nicht daran, hier Peinliches oder auch Unangenehmes zu verschweigen. Genau so wenig möchte ich hinter dem Berg halten mit all dem Potenzial, das wir vorurteilsbeladener Weise einfach liegen lassen. Die Öffentlichkeit vergisst allzu gerne, wenn sie über

dicke Menschen spricht, dass wir eben genau das sind – Menschen.
Menschen mit Wünschen, Träumen oder auch Zielen. Wenn ich also in einem Raum sitze, in dem sich innerhalb weniger Stunden mehrere hundert dick_fette Menschen aufhalten, dann sehe ich nicht dicke, behäbige, unförmige Körper, sondern ich sehe Barbara, die Pädagogin ist und über ihren Alltag als Lehrerin spricht. Oder Melanie, die in einer großen Bank in verantwortlicher Position arbeitet und von ihrer letzten großen Reise erzählt; wie befreiend es war, diese endlich anzutreten. Denn nach Jahren des Überlegens hat sie sich endlich getraut. Sie, die Dicke, der man von solchen strapaziösen Abenteuern immer abgeraten hat. Die Reise war fantastisch, klar, nicht ohne Herausforderungen, welche Reisen sind das schon, aber es war ein so schönes Erlebnis, das sie ein Leben lang nicht vergessen wird. Neben ihr steht Luise, sie hört lächelnd zu, erzählt, dass sie auch endlich eine große Reise unternehmen will, sich aber nie getraut hat. Melanie macht ihr Mut und so wird hoffentlich eine weitere dicke Frau ihren Sehnsüchten nachgehen und die Welt entdecken.

Das sind zwei beliebige Beispiele. An dieser Stelle könnte ich noch so viel mehr erwähnen. Ideen, die während des Plus Size Second Hand Markts entstehen und neue Projekte beflügeln oder auch Freundschaften hervorbringen. Mut, der gefasst wird, Dinge anzugehen, Grenzen zu setzen. Für sich einzustehen. Ich spreche mit Künstler:innen, Plus-Size-Models, Schriftsteller:innen, medizinischem Fachpersonal, Verkäufer:innen. Was ich in diesen wenigen Stunden sehe, ist so viel **Energie und Potenzial,** nicht die uns oft unterstellte Lethargie oder Faulheit. Ich sehe, was alles sein könnte, wenn man uns nicht mit Vorurteilen begegnen würde. Wie viel mehr diese Menschen bewegen könnten, wenn man sie lassen würde. Wenn man ihnen nicht erst ihren Körper zum Vorwurf und ihre Gesundheit zu einer großen Mauer der Schuld auftürmen würde.

Ein Raum voll ignoriertem Potenzial

Eine Mauer, über die zu kommen vielen von uns ein Leben lang nicht gelingt. So fühlt es sich an. Diese Mauer ist hoch, aus vielen Ziegelsteinen gebaut; aus all jenem, das schwer an uns hängt. Bestehend aus Vorwürfen, Schuldgefühlen, dutzenden Diäten, die wir ein ganzes Leben lang ausprobieren, um endlich dem vermeintlichen Ideal der „Norm" zu entsprechen. All die Gehässigkeiten, die uns täglich unterkommen, all die unüberlegten Äußerungen, die Freund:innen, Nachbar:innen, Arbeitskolleg:innen oder sogar wildfremde Menschen auf der Straße machen.

Doch das sind nicht die einzigen Lasten. Wir tragen ebenso schwer daran, dass wir, sobald wir eine Arztpraxis betreten, in den „**Überlebens-Modus**" gehen. Denn wir wissen nur zu genau, was gleich passieren wird. Wir müssen für uns kämpfen und einstehen, bevor wir die Behandlung bekommen, die uns ebenso wie allen anderen Menschen zusteht. Kaum zu glauben? In den letzten zehn Jahren wurden mir Geschichten zugeschickt, Erlebnisse geteilt – aus Arztpraxen oder auch dem Berufsleben, von Gartenparties oder Urlauben – es ist unglaublich, was dicke Menschen erleben. Das Kapitel zum Thema Medizin liegt mir bereits jetzt, zu Beginn des Schreibens, sprichwörtlich im Magen. Denn diese Erlebnisse, die mir andere schildern, kenne ich selbst aus meinem Alltag oft nur zu gut. So ist es mit dem Aktivismus, wir kämpfen für eine Sache, die uns selbst betrifft.

Wenn einem so hohe Hürden in den Weg gestellt werden, dann rücken die Träume in den Hintergrund. Denn erst einmal müssen all diese Hürden aus dem Weg geräumt werden. Hürden, die es nicht geben müsste, und die einer Misshandlung gleichen.

Denn genau so fühlt es sich an. Jedes Schimpfwort, jede Karikatur, jede offene Feindseligkeit, jede Ablehnung aufgrund unserer dicken Körper hinterlässt eine Narbe. Eine liebe Followerin hat mir vor kurzem geschrieben: Starke körperliche Schmerzen, die sie einmal hatte, habe sie heute – Jahre später – zwar nicht vergessen, aber sie fühle sie auch nicht mehr. Auch durch die Erinnerung daran könnten diese Schmerzen nicht mehr hervorgerufen werden. Bei ihren seelischen Wunden sei das allerdings anders. Wenn sie sich an Beleidigungen, Beschimpfungen und schlechte Behandlung erinnert, dann kommt dieser Schmerz samt all der Wut und Trauer wieder hoch. Ist sofort wieder präsent.

Das kann ich selbst sehr gut nachempfinden. Diese Gefühle bleiben, sie gehen nicht weg, ganz im Gegenteil, wenn wir nicht daran arbeiten, werden sie im Laufe des Lebens sogar schlimmer. **Minderwertigkeitsgefühle**, Angst, Verzweiflung werden somit Teil dieser hohen Mauer. Wir müssen so viel Arbeit investieren, um diese Gefühle nicht zu unseren täglichen Begleitern zu machen. Nicht umsonst kommen Studien immer wieder zu dem Schluss, dass mehrgewichtige Menschen öfter depressiv sind. Wobei es hier genau hinzuschauen gilt. Denn: Macht wirklich Mehrgewicht depressiv, oder sollten wir uns nicht auch anschauen, wie sich der gesellschaftliche Umgang mit dick_fetten Menschen auf deren Psyche auswirkt?

Hier läuft etwas falsch

Heute ist ein guter Tag, ich stehe vor dem Spiegel, prüfe den Sitz der Jacke, nehme meine Tasche und den Schlüsselbund und verlasse die Wohnung. Ich fühle mich gut, die Vögel zwitschern, ich spüre die Sonne auf meinem Gesicht und freue mich auf den Tag. Als ich das Haustor aufmache und einen Schritt auf die Straße machen will, stoße ich mit jemandem zusammen. „Oh Entschuldigung," sage ich.

„Was ist denn mit dir, du fette Kuh, brauchst zu viel Platz auf der Straße, was?" fragt der Mann, mit dem ich zusammengestoßen bin, gehässig, dreht sich um und geht weiter.

Ich stehe wie versteinert da, weiß nicht, ob ich ihm etwas nachrufen oder in Tränen ausbrechen soll. Die Sonne spüre ich gar nicht mehr, die Vögel sind für mich verstummt. Alles, was geblieben ist, ist dieses Gefühl, das mich schon mein

Leben lang begleitet. Eine Mischung aus Wut, Ohnmacht und Scham. Ein Gefühl, das einen seltsam trockenen Mund hinterlässt.

Denn es ist einmal wieder passiert. Was für den einen Menschen wenige, dahergesagte Worte sind – oft unüberlegt –, ist für mich ein weiterer Sargnagel für mein Selbstwertgefühl. Denn ich bin kein ebenbürtiger Mensch, keine Frau, ich bin eine fette Kuh.

Wie lange ich da so stehe und einer Person hinterherschaue, die eigentlich für mich irrelevant, mir unbekannt und schon bald auch aus meinem Sichtfeld verschwunden ist, weiß ich nicht. Es könnte eine Minute sein, oder auch eine Viertelstunde. Sofort weitergehen kann ich nicht, erst schaue ich mich um. „Hat uns jemand beobachtet, hat das jemand gesehen?“, frage ich mich. Das wäre mir zu peinlich.

„Was ist nur so falsch an mir?“, schießt es mir durch den Kopf. Was an meinem Körper ist so furchtbar, dass er immer wieder zur Zielscheibe von Spott, Hohn und vor allem auch Aggression wird. Je länger ich überlege, desto mehr weicht die Scham und macht einer unglaublichen Wut Platz. Wieder einmal habe ich mich hinterfragt, meinen Körper, meine Einstellung, anstatt das Verhalten meines Gegenübers. Als dicke Frau bin ich es so sehr gewöhnt, mich „falsch“ zu fühlen, dass mir im ersten Moment gar nicht aufgefallen ist, was bzw. wer hier eigentlich das Problem ist.

Mehrgewichtige wie ich werden täglich entmenschlicht. Ob Tiernamen oder negative Darstellungen in Zeitschriften oder TV-Formaten – den „Dicken“ wird das Menschsein gerne genommen. Ein wertvolles Mitglied der Gesellschaft zu sein, wird uns nicht zugestanden. Wir passen einfach nicht ins Normsystem und seine Wertvorstellungen.

Wir werden im Arbeitsalltag benachteiligt und in der Medizin, sowie als (Nicht-)Teil der Gesellschaft zum ewigen Problem abgestempelt. Das Resultat unter anderem: wildfremde Menschen, die uns in der Öffentlichkeit oder auch auf Social Media beschimpfen und beleidigen. Einfach so, weil sie es können, weil niemand „Stop" sagt.

Die Diätindustrie als „Problemlöser"

Eine Lösung für das Problem der Dicken-Diskriminierung interessiert kaum jemanden, der:die nicht betroffen ist. Doch es gibt Lösungsansätze für das Problem „dicker Körper":

> **Wenn wir unsere Körper dem Verständnis von Norm entsprechend anpassen würden, wäre doch alles gut. Wer diesen Gedanken unter die Menschen gebracht hat und ein Geschäft aus Diätplänen und Diätpräparaten gemacht hat, hat das Problem der Dicken-Diskriminierung ganz einfach verschoben.**

Zum (finanziellen) Vorteil der Diskriminierenden.

Denn während uns die Modeindustrie oder auch die Reisebranche und diverse andere Lifestylebereiche als Kundschaft eher als Nebensache behandeln, hat uns ein Wirtschaftszweig schon vor langer Zeit für sich entdeckt: die Diätindustrie.

Milliarden werden mit uns umgesetzt. Ob Pillen, Säfte, Shakes, fertige Diätmenüs, Magenbypässe oder auch – seit Neuestem – Spritzen. Es gibt nichts, was dicke Menschen nicht versuchen würden, um dem gesellschaftlich „idealen" Körper hinterherzujagen. Teilweise mit Erfolg, das heißt entsprechender Gewichtsreduktion. Viele aber bleiben ein Leben lang in diesem Teufelskreis des Versprechens des schlanken Körpers und der Akzeptanz und dems Jo-Jo-Effekts hängen. Das mag gut für die Diätindustrie sein, ist aber alles andere als angenehm für Mehrgewichtige. Im Gegenteil, es ist qualvoll, deprimierend und teilweise sogar gesundheitsschädlich.

Dennoch gehen Millionen Menschen diesen Weg, immer die Verheißungen vor Augen, was auf der anderen Seite auf sie wartet: Glück, Liebe, Gesundheit, Karriere und ein gutes Leben. Denn das verspricht man uns, wenn wir nur endlich schlank sind. Auf dem Weg zu diesem Ziel liegen unnötig viele schmerzvolle Momente und jede Menge Verzicht. Darüber hinaus: Beleidigungen, Diskriminierung und schlechte Behandlung. Nein, ich übertreibe nicht, gute zwanzig Jahre meines Lebens habe ich mich in eben dieser Spirale bewegt. „Wenn ich nur endlich dünn bin, dann werde ich geliebt, wenn ich nur endlich schlank bin, dann kann ich endlich tragen, was ich will, wenn ich nur endlich nicht mehr dick bin, dann ist alles besser." Dabei habe ich viel verpasst, meine Teenagerzeit zum Beispiel, Unbekümmertheit, Leben.

Der Moment der Erkenntnis dieses Verzichts traf mich hart. Gerade war ich schon wieder dabei, eine Maßnahme in Richtung „dünn und glücklich" zu setzen. Gerade hatte ich einen Appetitzügler gekauft, mit Ananasgeschmack. „Tropischer Fruchtgeschmack auf dem Weg zu Ihrem Wunschgewicht", so in etwa stand es auf der Packung. Ich hatte schon Shakes probiert, FDH (Friss die Hälfte), Ernährungsumstellung, habe wochenlang nur Hühnchen mit Gemüse oder Hühnchen mit Salat gegessen, auf Süßes verzichtet und vieles mehr. Mehr als mein halbes Leben hatte ich dabei schon unter meinem Körper gelitten. Im Nachhinein betrachtet: Nicht unter meinem Körper habe ich gelitten, sondern unter der medizinischen und gesellschaftlichen Meinung über meinen damals vollkommen gesunden Körper.
Da stand ich nun, ein weiterer, vielleicht sogar letzter Versuch, mein Gewicht zu reduzieren, lag in Form einer läng-

lichen, gelblichen Tablette vor mir. „Na dann, versuchen wir's", sprach ich mir Mut zu und zack hatte ich die Tablette runtergeschluckt.

Ein paar Minuten später wurde mir unglaublich übel, so schlecht, dass mir nichts anderes übrig blieb, als auf die Toilette zu laufen und mich zu übergeben.

Das war dann das Ende meiner Ananas-Tabletten-Diät. Während ich erst die Tablettenpackung und dann mich im Spiegel betrachtete, stieg das erste Mal dieses heute, Jahrzehnte später, so bekannte Gefühl der Wut in mir hoch.

Wut darauf, dass ich diesen Mist wirklich genommen habe.

Wut auf Ärzt:innen, die mich schon im Alter von sieben Jahren auf Diät gesetzt hatten.

Wut auf Menschen in meinem Umfeld, die, solange ich denken konnte, an mir herumkritisiert haben, die meiner Mutter ein schlechtes Gewissen gemacht haben, weil sie ein dickes Kind hatte.

Unglaubliche Wut.

So nicht, so nicht mehr, warum muss ich mich so quälen, wieso auf so vieles verzichten, warum immer mich schämen und verstecken? Was ist so falsch an mir? Wieso darf ich nicht genießen und Spaß haben? Wieso mich nicht freuen, dass es mir gut geht, dass ich Freund:innen haben, gerne unterwegs bin und Nächte durchtanzen kann. Wieso ist das nicht genug? Warum darf das überhaupt so sein?

Wenn aus Wut ein Beruf wird

Dieses Gefühl hat mich bis heute nicht verlassen, auch wenn es sich verändert hat. Heute weiß ich mehr über Diätindustrie und Gewichtsdiskriminierung, kenne viele Menschen, denen es ebenso geht. Doch die Frage bleibt, warum behandelt man uns dicke Menschen so schlecht? Wieso „darf" man das einfach so und warum sagen wir nicht endlich einmal laut und deutlich STOP? So nicht, nicht mit uns, wir sind gut, wir sind wertvoll, wir haben ein gutes Leben verdient! Warum sagen wir das nicht laut, warum sind wir nie laut?

Diese Frage treibt mich an, hat sogar dazu geführt, dass ich mich selbständig gemacht habe, und ist auch Motivation, dieses Buch zu schreiben. Wut war für mich nur ein Anfang. Aus Wut wurde: etwas verändern wollen.

Denn es reicht! Man nimmt uns ein gutes, glückliches Leben, lässt uns Jahrzehnte hinter einem vermeintlichen Ziel herrennen, unzählige Diäten probieren, um uns in der Zwischenzeit zu demütigen, auszulachen, zu beschimpfen und uns in Medizin und Arbeitswelt schlechter zu behandeln.

Man nimmt uns Lebenszeit, Glück und Zufriedenheit, und dabei haben wir verlernt, auf unsere eigenen Körper zu hören.

Dafür haben wir gelernt, uns klein zu machen, zu verstecken und möglichst leise und unauffällig zu sein. Das dürfen wir uns nicht länger gefallen lassen. Es ist sowas von an der Zeit laut zu werden, sich zu wehren!

Doch wie?

Ich höre diese Frage förmlich in meinem Kopf und sie wird immer lauter und dringlicher. Wie wehren wir uns und warum ist es überhaupt nötig, dass wir das tun? Was bedeutet es eigentlich, Gewichtsdiskriminierung ausgesetzt zu sein, und wie bekämpfen wir Vorurteile und Diskriminierung?

Sprechen wir darüber, wie man mit uns tagtäglich umgeht. Hinterfragen wir Körpernormen und zeigen Diskriminierung, wo sie stattfindet. Weil es Zeit für Veränderung ist, weil es Zeit ist, ein gutes Leben zu leben, ohne Scham und schlechtes

Gewissen, und weil Selbstliebe nicht reicht, um ein System zu verändern, dem unsere Gesundheit bei weitem nicht so wichtig ist, wie es nach außen hin scheint.

Ein Raum voll ignoriertem Potenzial

ICH SAGE MEHRGEWICHT.

Von der Wut über ein Wort

Zum Sprechen über das Thema gehört ein Verständnis über die Wortwahl.

Ein großes Interview in einer vielgelesenen österreichischen Tageszeitung. Online und in Print. Eine Ärztin und ich hatten mit der Redakteurin über die Diskriminierung Mehrgewichtiger in der Medizin gesprochen. Ein gutes Interview, ausführlich und ganz und gar nicht polemisch, sondern so faktisch und objektiv wie möglich. Diese Objektivität fehlt meines Erachtens oft, wenn es um Mehrgewicht geht. Medial wird das Thema oft stark emotionalisiert und polemisiert. Jene Artikel sind rar gesät, die aufklärend über Gewichtsdiskriminierung berichten; die objektiv darstellen, dass Mehrgewichtige aufbegehren und sich Änderung im Verhalten ihnen gegenüber wünschen.

Der Tageszeitungs-Artikel über die Ärztin und mich wurde zum meistgelesenen des Tages, er regte auf, er polarisierte. Ausgezeichneter Erfolg für das Medium, die Sichtbarkeit stieg enorm an, der Algorithmus sorgte für rasante Verbreitung. Die Kommentarspalte des Artikels war gut besucht. Über 4000 Kommentare kamen zustande. Darunter Zustimmendes, Kritik, aber auch Polemik und Hass. Bis die Redaktion die schlimmsten Bemerkungen, die Hasskommentare, gelöscht hatte.

Mir wurde vorgeworfen, ich würde meine Argumente an den Haaren herbeiziehen, Diskriminierungserfahrungen wurden mir abgesprochen, Erlebtes nicht geglaubt. Was die Gemüter jedoch am meisten erregte, war meine Wortwahl – „mehrgewichtig".

Die Kommentierenden konnten es nicht glauben. Wie konnte ich so ein Wort wählen? Will ich denn nicht verstehen, dass Übergewicht einfach schädlich ist und so auch benannt werden sollte? Man war der Meinung, ich versuchte nur, mir etwas schön zu reden. Ich würde damit ein massives und ernstzunehmendes Problem verharmlosen.

Es war nicht das erste Mal, dass das Wort „Mehrgewicht" auf so wenig Gegenliebe stieß. Auch unter diversen Reels auf Instagram finden sich bei Influencer:innen, die Worte wie „Mehrgewicht" verwenden oder auf die Diskriminierung dicker Menschen hinweisen, reihenweise negative Kommentare bis hin zu Drohungen.

Denn offensichtlich reicht in den Augen der Kommentierenden ein Wort aus, um die Problematik des Dickseins herunterzuspielen, um dicke Menschen vergessen zu lassen, dass sie dick sind, dass sie viele, schwerwiegende Probleme haben. Auch hier zeigt sich deutlich, wie tief Vorurteile sitzen, wie tief die seit Jahrhunderten verbreitete Betrachtungsweise auf dicke Körper sitzt.

„Mehrgewicht" ist politisch

Worte sind wichtige Werkzeuge im Kampf gegen Gewichtsdiskriminierung. Von „Verharmlosung" kann nicht die Rede sein – wir Fat-Acceptance-Aktivist:innen, -Influencer:innen und -Expert:innen wissen gar nicht, was es zu verharmlosen gäbe. Von unserem Standpunkt aus ist klar, dass das Problem darin liegt, dass man uns überhaupt als Risiko sieht.

Dass Worte Macht haben, die wir auch aktivistisch nützen, ist ebenfalls klar.

In diesem Buch habe ich mich bewusst dazu entschieden, die Begriffe „Mehrgewicht" und „Hochgewicht" zu verwenden. Auch, um den allgemeinen Sprachgebrauch zu beeinflussen. Denn das sonst so verbreitete Wort „Übergewicht" normalisiert den abwertenden, diskriminierenden Blick auf dicke Körper.

Die Expertin in Fragen der Gewichtsdiskriminierung und Vorsitzende der Gesellschaft gegen Gewichtsdiskriminierung in Deutschland, Natalie Rosenke, formuliert es treffend, wenn sie von im Gesundheitsbereich gebräuchlichen Begriffen wie „Übergewicht" und „Adipositas" spricht:

> **„Sie pathologisieren den dicken Körper und treiben die Körpernormierung durch Wertungen, wie sie beispielsweise im Wort ›Übergewicht‹ stecken, voran. Die Vorsilbe ›über‹ brandmarkt den dicken Körper als Entgleisung gegenüber dem, was als ›normal‹ und damit als Normvorgabe gilt. Beides verstärkt den Druck auf dicke Menschen, den eigenen Körper umzuformen, und verneint Gewichtsvielfalt …"[1]**

Selten findet man so deutlich formulierte Worte zu dem Thema. Es wirkt selbst für mich fast befremdlich, diese Zeilen zu lesen, obwohl ich Natalie Rosenkes Meinung teile und ihr Wissen als Expertin sehr schätze. Befremdlich, weil ungewohnt! Obwohl ich mich seit über zehn Jahren täglich mit Themen wie Gewichtsdiskriminierung, Plus Size, dem Leben dicker Menschen, auseinandersetze, muss ich solche Formulierungen mehrmals durchlesen. Denn es ist noch längst nicht die Norm, dass Begriffe wie „Übergewicht", die wir ganz selbstverständlich in den Sprachgebrauch übernommen haben und die wir auch zur Selbstbezeichnung verwenden, so kritisch betrachtet werden.

Kann man das denn überhaupt sagen? Darf man das? Stellt es nicht alles in Frage, wie wir über das Dicksein denken?

Ja, das tut es und das soll es auch.

Denn genau darum geht es ja. Es geht darum, alles in Frage zu stellen. Das kann beängstigend sein, doch es ist wichtig, um nachhaltig Veränderungen zu bewirken.

Mehrgewicht ist ein zutiefst politischer Begriff. Die Diskussion rund um Körpergewicht ist höchst politisch und fließt in viele Lebensbereiche ein, geht weit über die Thematik der Gesundheit hinaus.

Sie betrifft nicht nur unser Zusammenleben, sondern auch die Arbeitswelt, die Wirtschaft, Fragen nach Zugang zum Arbeitsmarkt, zu Ausbildung, zu fairer Behandlung in der Medizin, zur Familienplanung, zu Liebe und zu Essen.
Und der politische Blick auf die Frage der Körpermaße ist nicht neu. Er wurde stark durch die Fat-Acceptance- und Fat-Liberation-Bewegung der 1960er- und 1970er-Jahre geprägt.

Body Positivity – viel gehypt und falsch verstanden

Auch die Body-Positivity-Bewegung, die besonders von Social Media ausging, hatte hier ihren Ursprung. Denn während Body Positivity bereits in den 1960ern als Begriff entstand, wurde er seit den 2000ern mit der zunehmenden Beliebtheit der sozialen Medien bekannter und beliebter. Der Kampf gegen systemische Diskriminierung, Mehrfachdiskriminierung und infolge auch gegen Gewichtsdiskriminierung wurde so bereits in den 1960er-Jahren von den USA aus ausgerufen. Wenn das nicht politisch ist, was dann?! Wobei viele den Begriff Body Positivity im ersten Moment nicht ins politische Licht rücken. Denn Unternehmen, Werbewirtschaft und Marketing zeigen uns in den letzten Jahren deutlich, wie gut sich Body Positivity zu Geld machen lässt. Dabei geht es längst nicht mehr um einen Befreiungsschlag für dicke Körper, für Menschen, die systemisch diskriminiert werden. Es geht darum, sich „ein gutes Gewissen zu kaufen", sich „Gutes zu tun durch Konsum" – das hat allerdings wenig mit der Politik hinter Body Positivity zu tun.

Der Befreiungsschlag für alle Körper, hinter dem die Body-Positivity-Bewegung ursprünglich stand, soll hier nocheinmal ausdrücklich hervorgehoben werden.

> **„Die Body-Positivity-Bewegung hat sich in den letzten Jahren stark ausdifferenziert und inkludiert neben Fat Activism auch den Kampf um generelle Akzeptanz von Körpern in all ihrer Vielfalt."**[2]

Der Unterschied zwischen Begriffsursprung, politischer Forderung und wirtschaftlicher Realität ist bei diesem Beispiel enorm. Denn Body Positivity fordert nichts weniger als diskriminierungsfreie Behandlung aller Körper. Durch den starken wirtschaftlichen Blick auf das Thema gehen politische Forderungen verloren. Body Positivity wird seit Jahren u.a. auch von der Diätindustrie benutzt, um Werbung für Produkte zu machen. Dadurch wird die ursprünglich politische Bedeutung ad absurdum geführt: Wenn du deinen Körper magst, dann bist du nicht einfach gut zu ihm und lernst auf deine Bedürfnisse zu hören, sondern du erkennst auch, dass das bedeutet, Gewicht zu reduzieren. Dann bist du bodypositiv und achtest auf dich. Diese verqueren Behauptungen verwässern einen sonst so wichtigen Begriff. Denn Body

Positivity hat eine weltweite Bewegung in Gang gesetzt, in der Körpernormen hinterfragt werden und der Selbstwert gestärkt werden soll. Dies betrifft wie gesagt alle Körper: so zum Beispiel dicke People of Colour, die nicht nur aufgrund ihrer ethnischen Zugehörigkeit, sondern auch aufgrund ihres Mehrgewichts diskriminiert werden, oder Menschen mit körperlichen Behinderungen, die dick sind.

Meine Wortwahl – warum „fett" keine Beleidigung ist

Zurück also zu dicken, fetten, mehrgewichtigen Körpern. Ich benutze all diese Worte, um nicht nur meinen eigenen Körper zu beschreiben, sondern auch allgemein, wenn ich von dicken Menschen spreche. Mittlerweile eine Selbstverständlichkeit. Dem war nicht immer so. Zu Beginn meiner Arbeit im Bereich Plus Size (alles begann mit dem Thema Mode) fiel es mir schwer, das Wort „fett" zu benutzen. Es kam mir für die ersten Jahre nicht über die Lippen. Kurvig, ja, rund, ja, aber vor dem Wort „fett" war eine große Mauer. Zu sehr werden Fett und Fettsein in der Öffentlichkeit mit Ekel in Verbindung gebracht. Diese Hürde zu nehmen, war nicht einfach für mich.

Nach einigen Jahren der Arbeit mit dicken und für dicke Menschen kam ein Punkt, an dem der politische Aspekt meines Berufs für mich enorm an Bedeutung gewann. Ich veränderte meine Haltung grundlegend, hinterfragte Begriffe, arbeitete daran, ihnen eine neue Bedeutung zu verleihen und ihnen den Schrecken zu nehmen. Beschäftigt man sich mit Fat Acceptance, ist der Weg zum Wort „fett" als Eigenbezeichnung nicht mehr sehr weit. Für mich ist die Bezeichnung mittlerweile selbstverständlich.

Mein heutiger Standpunkt ist, dass die Verwendung von Wörtern wie „dick" und „fett" wichtig ist, um sich zu ermächtigen und anderen nicht die Deutungshoheit zu überlassen.

Mit dieser stärker werdenden Erkenntnis fiel bei mir umso mehr die Hemmung, diese Beschreibungen zu verwenden. Es bleibt jedem Menschen überlassen, wie er sich selbst bezeichnen möchte. Aktivist:innen setzen aber mit der Nutzung der Begriffe „dick" und „fett" oder auch „**dick_fett**" ein deutliches, sprachliches Zeichen. Ganz wertfrei, als Beschreibung, als Tatsache, ohne negativen Beigeschmack. Sie holen sich die Begriffe sozusagen zurück und lassen es damit auch nicht zu, dass die negative Verwendung des Begriffes zur Beschreibung ihrer Person wird. Zu wenig willensstark, faul, dumm – diese vorurteilsbeladene Sicht auf dicke Menschen soll geändert und durchbrochen werden.

In diesem Buch verwende ich alle Begriffe, auch wenn ich vor allem auf Begriffe wie „Mehrgewicht" und „Hochgewicht" zurückgreife. Ich verstehe, wenn Wörter wie „fett" erst einmal abschreckend wirken. Aber ich lade zu dem Prozess ein: Je mehr man sich damit auseinandersetzt, desto mehr erkennt man, dass mit diesen Wörtern per se keine Abwertung verbunden sein muss, sondern der diskriminierende Teil der Gesellschaft diese erst schafft..

MEIN SCHUTZPANZER:

Dick und Diskriminiert

Schützt ein dicker Körper vor Angriffen und Übergriffen? Kann mein Körper, wie eine Gesprächspartnerin einmal erwähnte, als „Schutzpanzer" fungieren, um Demütigungen, alltägliche Beschämungen oder auch Diskriminierung abzuwehren? Mitnichten, ehrlich gesagt. Denn ein dicker Körper macht nicht weniger empfindsam. Das Bild des Schutzpanzers, des Kokons, in den sich dicke Menschen einhüllen und den sie nur abstreifen müssen, um möglichst gesellschaftlich gefällig auszusehen (also dünner), ist ein völlig falsches. Hier wird nichts abgestreift, hier prallt nichts ab. Gegen Belästigung oder Diskriminierung kann uns der Körper nicht schützen, der uns erst zur Angriffsfläche dieser macht. Weshalb wir dringend über das Thema Diskriminierung und Diskriminierungsschutz sprechen müssen.

Ich bin dick und werde deshalb diskriminiert. „Dick" ist, wie gerade im letzten Kapitel erwähnt, für mich sowohl Fremdzuschreibung als auch Selbstausdruck meiner Deutungshoheit. Doch was bedeutet eigentlich „diskriminiert"? Die gängige Definition:

Diskriminierung ist jede Form der ungerechtfertigten Benachteiligung oder Ungleichbehandlung von einzelnen Personen oder Gruppen aufgrund verschiedener wahrnehmbarer beziehungsweise nicht unmittelbar wahrnehmbarer Merkmale.[3]

Dicke Menschen gehören aufgrund verschiedenster Benachteiligungen und Ungleichbehandlungen der Gruppe der diskriminierten Personen an. Darüber hinaus, und hier gilt es eine Unterscheidung zu treffen (dies ist auch rechtlich relevant), werden Mehrgewichtige im Alltag ebenso beleidigt oder auch belästigt.

Diskriminierung aufgrund des Körpergewichts ist in Österreich ein neues Thema und wird noch viel zu wenig diskutiert. Und wenn darüber gesprochen wird, wird die Diskriminierung gerne als „Unsinn" abgetan. Doch wieso sprechen Expert:innen von Diskriminierung aufgrund des Körpergewichts? Was ist eigentlich Gewichtsdiskriminierung? Wo hört **Belästigung** auf und wo fängt **Diskriminierung** an? Um Diskriminierung zu erkennen und Fehlverhalten gegenüber Mehrgewichtigen aufzuzeigen, ist es nötig, die aktuelle Situation zum Thema Gewichtsdiskriminierung zu kennen: In welchem Rahmen bewegen wir uns hier, worin besteht „Fehlverhalten"? Noch gibt es beispielsweise kaum Länder, die sich dem Thema auch rechtlich annehmen. Während die Gesellschaft gegen Gewichtsdiskriminierung in Deutschland als Verein für ein Gesetz eintritt, das Mehrgewichtigen ermöglicht, rechtlich gegen Diskriminierung vorzugehen, gibt es in Österreich noch keinerlei derartige Initiative. Influencer:innen und Aktivist:innen gehen via Social Media gegen Vorurteile an, abseits der Online-Kanäle findet das Thema wenig Platz. Noch.

Gewichtsdiskriminierung – eine Definition

Die Juristin, Gründerin und Vorsitzende der Gesellschaft gegen Gewichtsdiskriminierung, Stephanie von Liebenstein, beschäftigt sich seit Jahren eingehend mit dem Thema Gewichtsdiskriminierung:

> **„Gewichtsdiskriminierung bezeichnet die soziale, kulturelle und ökonomische Benachteiligung aufgrund eines Körpergewichts, das nicht im Bereich des medizinisch oder kulturell (Schönheitsideal) vorgegebenen Norm(al)gewichts liegt. Sie umfasst alle direkten und indirekten Handlungen, Regelungen und Strukturen, die eine gleichberechtigte gesellschaftliche Teilhabe für Personen mit von dieser Norm abweichendem Körpergewicht erschweren oder verhindern."[4]**

Ein „fette Kuh" auf offener Straße mag also demütigend und beleidigend sein, diskriminierend ist es nicht. Doch fehlendes Equipment in Krankenhäusern, um dicke Menschen adäquat zu behandeln (so können z.B. nicht gut sitzende, zu kleine Manschetten eines Blutdruckmessgerätes die Messergebnisse verfälschen, was Auswirkungen auf den weiteren Verlauf einer Behandlung haben kann), Mediziner:innen, die aufgrund erlernter Vorurteile dicke Patient:innen nicht genau genug untersuchen oder sogar nachlässig behandeln, oder auch Unternehmen, die mehrgewichtige Menschen aufgrund ihres Körpergewichts nicht einstellen, sind nur einige Beispiele für Gewichtsdiskriminierung.

Wie weitreichend diese ist, wurde mir einmal mehr im Gespräch mit einer Freundin bewusst, die gerade dabei war, eine Wohnung zu kaufen, und als Sicherheit für ihren Kredit eine Lebensversicherung vorweisen sollte. Aufgrund ihres Mehrgewichts hat sich die Versicherungsanstalt geweigert, ihr eine solche zu verkaufen. Das Versicherungsproblem begegnet Mehrgewichtigen genauso bei Berufsunfähigkeitsversicherungen und ist ein wichtiges Thema für Unternehmer:innen: Ab einem gewissen BMI (Body-Mass-Index) kann ein Versicherungsabschluss schwierig bis unmöglich werden. Den Versicherungsanstalten ist das Risiko, frühzeitig zahlen zu müssen, oftmals zu hoch. Dabei spielt die tatsächliche körperliche Verfassung von Mehrgewichtigen keine Rolle. Der BMI reicht als anscheinend adäquates Mittel, um über den vermeintlichen Gesundheitszustand Auskunft zu geben. Dass hier die fehlende souveräne Gesundheitsvorsorge die Hauptrolle spielt, wird ignoriert. So werden zum Beispiel Krankheiten bei dicken Menschen nicht rechtzeitig erkannt, weil Ärzt:innen die Gewichtsreduktion zum einzigen „Problemlöser" machen. Adäquaten Versicherungsschutz zu finden und lebensentscheidende Entschlüsse zu fassen, ist für Mehrgewichtige ab einem bestimmten BMI somit entweder nur mit Hürden oder gar nicht möglich.

Gewichtsdiskriminierung ist ein systemisches und strukturelles Problem. Sie durchdringt jeden Winkel der Gesellschaft, der Politik, Medizin und Wirtschaft, sie ist so alltäglich, so gängig und so „normal", dass sie meistens nicht auffällt – außer den Betroffenen.

Selbst, wenn dicke Menschen ganz offensichtlich beleidigt und schlechter behandelt werden als andere, wird das oft genug abgetan mit der Legitimierung: „Damit sie merken, was sie falsch machen." Die Bedrohlichkeit der oben definierten Diskriminierung besteht jedoch neben der persönlichen negativen Erfahrung vor allem in den beinahe unüberschaubaren Konsequenzen. Stephanie von Liebenstein fasst die Folgen der Gewichtsdiskriminierung zusammen:

> **„Gewichtsdiskriminierung ist nicht nur ein soziales und gesundheitliches Problem, sondern in mindestens dem gleichen Maße auch ein rechtliches. Sie verhindert Karrieren, zerstört Lebenschancen, sorgt für Benachteiligung im Arbeitsleben und im Bildungswesen."**[5]

Gewichtsdiskriminierung umfasst dabei die verschiedensten Rechtsbereiche. Ob Arbeitsrecht, Mietrecht, Krankenversicherungsrecht, Grundrechte/Menschenrechte, Krankenkassenrecht, Adoptionsrecht, Beleidigung, körperliche Angriffe oder auch sexuelle Belästigung und Mobbing.

Die Datenlange zum Thema Gewichtsdiskriminierung in Österreich ist noch äußerst dünn. Bis dato wurden Studien im Bereich der Medizin durchgeführt. Gesamtgesellschaftliche Betrachtung gibt es in Österreich allerdings keine. In Deutschland gibt es zu dem Thema breitere Erkenntnisse. Eine im Mai 2019 durchgeführte Studie von der Public Devision von Kantar im Auftrag des Presse- und Informationsamtes der deutschen Bundesregierung zum Thema (strukturelle) Diskriminierung zeigt deutlich, wie verbreitet Gewichtsdiskriminierung ist. 51 Prozent derjenigen, die Diskriminierungserfahrungen gemacht haben, gaben an, diese aufgrund ihres Gewichts gemacht zu haben.[6] Diskriminierungserfahrungen Mehrgewichtiger sind dabei oft intersektional, wie Liebenstein betont:

„... dabei wird immer wieder festgestellt, dass sich Diskriminierung gegen Hochgewichtige vielfach mit Diskriminierung anhand von anderen Merkmalen, beispielsweise Geschlecht, Lebensalter oder Behinderung oder von Rassismus und intersektional überschneiden und eng mit ihnen verknüpft sind."[7]

Das Gleichbehandlungsgebot in Österreich besagt, dass grundsätzlich niemand aufgrund von Geschlecht, Alter, ethnischer Zugehörigkeit, Religion oder Weltanschauung, sexueller Orientierung oder Behinderung benachteiligt werden darf. Diverse Bundesgesetze regeln die Einhaltung der unterschiedlichen Punkte in Arbeit und sonstigen Bereichen. Einen Verstoß gegen das Gleichbehandlungsgebot kann man bei der Gleichbehandlungsanwaltschaft melden. Bei meiner Nachfrage, wie man im Bereich der Gewichtsdiskriminierung gegen Verstöße vorgehen kann, war die Antwort eindeutig. Es gibt keine rechtliche Grundlage, also kann dagegen nicht vorgegangen werden.

Die Unterscheidung von Diskriminierung zu Beleidigung und Belästigung – wie zu Kapitelbeginn zur „fetten Kuh" erwähnt – ist hingegen wie folgt rechtlich geregelt: Während Belästigung[8] als Einschüchterung, Anfeindung oder Beleidigung aufgrund von Geschlecht, Alter, ethnischer Zugehörigkeit, Religion oder Weltanschauung, sexueller Orientierung oder Behinderung gilt und eine Form der Diskriminierung sein kann, liegt klar Beleidigung vor, wenn jemand öffentlich oder vor mehreren Personen eine andere Person beschimpft, verspottet, körperlich misshandelt oder mit einer körperlichen Misshandlung droht.

Beleidigung ist im Strafgesetzbuch geregelt, während Belästigung z.B. auch am Arbeitsplatz eine Rolle spielen kann und somit wieder andere rechtliche Rahmenbedingungen erfüllt.

Weder Beleidigung noch Belästigung sind also Kavaliersdelikte, die man einfach so beiseiteschieben kann. Doch bei oben genannten Merkmalen findet sich nirgends Gewicht. Dies macht ein rechtliches Vorgehen oft schwierig und eine Diskussion über die Aufnahme des Körpergewichts als Kriterium für Belästigung, Beleidigung und Diskriminierung notwendig.

So ist zum Beispiel mangelnde bis fehlerhafte Diagnostik in der Medizin nur eine der dringend ernstzunehmenden Begleiterscheinungen des Dickenhasses, die öffentlich nicht besprochen oder aber als Unsinn abgetan werden. Leider sind diese Erlebnisse und Erfahrungen gelebte Realität für jede Person, deren Körpergewicht nicht in den Bereich der Norm fällt. Wir sind diesem Verhalten schutzlos ausgesetzt und müssen darum kämpfen, fair behandelt zu werden.

Diskriminierung – und die Schutzsuche der Betroffenen

Wenn ich also nicht zur Gleichbehandlungsanwaltschaft gehen kann, wohin kann ich mich in Österreich dann wenden, wenn ich den Verdacht habe, diskriminiert worden zu sein? Zur Antidiskriminierungsstelle vielleicht? Bei meiner Nachfrage in Wien wurde mir sehr höflich geantwortet, allerdings auch darauf hingewiesen, dass man aktuell im Falle von Gewichtsdiskriminierung nichts tun könnte. Was aber möglich ist: die Fälle aufzuzeichnen. Je mehr Fälle hier zusammenkommen, desto deutlicher kann aufgezeigt werden, dass hier Handlungsbedarf besteht.

Einzig die Antidiskriminierungsstelle in der Steiermark hat zum Thema Gewichtsdiskriminierung im Jahr 2016 eine Stellungnahme veröffentlicht, nachdem sie auf Fälle von Diskriminierung aufgrund des Körpergewichts aufmerksam gemacht wurde. Darin heißt es:

> **„Im Moment gibt es demnach [bezogen auf die in Ö. geschützten Diskriminierungsgründe, Anm. der Autorin] keine gesetzliche Bestimmung, die Diskriminierung auf Grund von Übergewicht ausdrücklich verbietet. Das heißt, dass übergewichtige Menschen ungleich behandelt werden dürfen, ohne dass gegen eine derartige Diskriminierung mittels der Gleichbehandlungsgesetze vorgegangen werden könnte. Die einzige Möglichkeit der Betroffenen besteht darin, sich mittels Anzeige wegen Beleidigung zur Wehr zu setzen."[9]**

Bei genauer Nachfrage, ob sich seit dem Erscheinen der Stellungnahme etwas geändert hat, bzw. ob die Politik tätig geworden ist, erhielt ich von einer Mitarbeiterin folgende Antwort: „Leider nicht, da das Thema zu wenig Beachtung findet und auch keinen rechtlichen Schutz bietet."

Die Frage, die sich hier aufdrängt, ist doch: Wenn die Studienlage zeigt, dass Gewichtsdiskriminierung stattfindet, und eine Vielzahl an Erfahrungsberichten weltweit existiert, warum wird dann nicht deutlich mehr dagegen unternommen? Wieso geht das Thema so unter oder findet erst gar kein Gehör? Der deutsche Hirnforscher, Endokrinologe und Diabetologe Prof. Achim Peters legt den Daumen in die Wunde:

> **„Obwohl sie also die Mehrheit stellen, sind sie weit davon entfernt als gesellschaftliche Kraft aufzutreten ... Das liegt daran, dass sich dicke Menschen weder als Gemeinschaft noch als gesellschaftliche Gruppe fühlen – bestenfalls als Leidensgenossen."[10]**

Peters setzt diese Feststellung fort, indem er das Stigma benennt, das den Dicken anhaftet und dadurch verhindert, dass ein Selbstbewusstsein entsteht, das stark macht:

> **„Die meisten Betroffenen wollen das Stigma des Dickseins unbedingt loswerden. Aus keinem anderen Grund boomt der Markt der Diätkonzepte, Ernährungsberatung und Abnehmkuren.“[11]**

Laut sein, sich zu verteidigen, ja gar sich zu wehren, haben Mehrgewichtige nicht gelernt. Oder sagen wir: Es erschien uns lange nicht als Möglichkeit. Zu groß ist der Druck, einer gesellschaftlichen Norm zu entsprechen, zu verlockend sind die Rufe der Diätindustrie, dass sich unser Körperumfang mit dem richtigen Mittel schon reduzieren lässt, dass dadurch unsere Probleme verschwinden. Zu lange schon ist der BMI eine Hürde für Erfolg und Partizipation. Was wir gelernt haben, ist uns zu schämen, uns als Problem zu sehen. Was wir lernen sollten ist, dass das Narrativ über Mehrgewicht viel zu wenig systemische Komponenten beachtet und Diskriminierung uns allen schadet.

Die Öffentlichkeit (Menschen mit Normgewicht, Medizin oder auch Politik) erkennen diskriminierendes Verhalten in Bezug auf das Körpergewicht (noch) nicht an. So fehlt es in Österreich an Auskunftsmöglichkeiten, einer zentralen Stelle, an die dicke Menschen sich wenden können, wenn sie Diskriminierungserfahrungen gemacht haben. Auch wird öffentlich nicht für das Thema sensibilisiert, so sind sich Mehrgewichtige der Diskriminierung oftmals gar nicht bewusst.

Leider gibt es unzählige Beispiele für Gewichtsdiskriminierung, gut dokumentiert vor allem in der Medizin und der Arbeitswelt. In diesem Kapitel möchte ich von einigen erzählen und klar machen, weshalb das Beleidigen und/oder Belästigen von wildfremden Menschen auf offener Straße, das Abtun einer sonst qualifizierten Bewerbung oder auch der Ekel des medizinischen Personals nicht einfach Verhaltensweisen sind, die ok sind. Nur weil man es selbst nicht wahrhaben möchte, heißt das nämlich nicht, dass man nicht diskriminiert.

Mein Schutzpanzer

Die Antidiskriminierungsstelle Steiermark geht in einer Stellungnahme aus dem Jahr 2016 auf die Problematik ein und gibt eine Empfehlung ab. Dabei bezieht sie sich auf eine (nicht unumstrittene) Entscheidung, Rs C-354/13, des Europäischen Gerichtshofes (EuGH) Übergewicht (=Adipositas) unter gewissen Voraussetzungen als „Behinderung" im Sinne der Richtlinie 2000/78/EG zu verstehen. Es ist das einzige Statement von öffentlicher Seite (ob von Bund oder Ländern), das ich zu dieser Thematik der Gewichtsdiskriminierung gefunden habe.

„Nicht nur die steigende Zahl an Fällen aus der Beratung, sondern auch die Entscheidung des EuGH zeigt einmal mehr, dass Gewichtsdiskriminierung nicht nur stattfindet, sondern eben auch schutzbedürftig ist. Die häufige Verknüpfung von Übergewicht mit Faulheit, Leistungsschwäche, Ungepflegtheit oder Dummheit und die damit verbundene Diskriminierung verlangt einen effektiven Schutz. Da das Körpergewicht jedoch in Österreich noch kein rechtlich geschützter Diskriminierungsgrund ist, wäre es zunächst notwendig, dass der österreichische Gesetzgeber für die entsprechenden gesetzlichen Rahmenbedingungen sorgt, um Menschen mit Übergewicht in Fällen von Gewichtsdiskriminierung eine bessere rechtliche Hilfestellung geben zu können.
Die Antidiskriminierungsstelle Steiermark empfiehlt daher, das Körpergewicht als Diskriminierungsmerkmal zu schützen und damit den Tatbestand der Diskriminierung aufgrund des Übergewichtes zu verbieten und nur in sachlich gerechtfertigten Fällen Ausnahmen zu subsumieren."[12]

Dick und diskriminiert – Wirkung versus Ursache

Die Folgen von Gewichtsdiskriminierung sind verheerend. Gerne wird in Studienberichten über den Zusammenhang von Mehrgewicht und höheren Sterblichkeitsraten gesprochen. Im Gegenzug wird nicht darüber gesprochen, dass Gewichtsdiskriminierung zum Beispiel dazu führen kann, dass dicke Menschen früher sterben. Eine Studie des College of Medicine der Florida State University (FSU) kam 2015 zu dem Schluss, dass Gewichtsdiskriminierung mit einem erhöhten Sterblichkeitsrisiko einhergeht.

Dabei wurden Daten von gleich zwei laufenden Studien gesammelt. Einerseits aus der Health Retirement Studie (HRS) aus dem Jahr 1992 mit 13.000 Teilnehmenden mit einem Durchschnittsalter von 68 Jahren und aus der Midlife in the United States Studie (MIDUS), die 1995 begann und deren 5000 Teilnehmende ein Durchschnittsalter von 48 Jahren hatten. Das Forschungsteam fand heraus, dass Menschen, die angaben, aufgrund ihres Gewichts diskriminiert worden zu sein, während des Beobachtungszeitraums mit 60 Prozent höherer Wahrscheinlichkeiten starben. Unabhängig davon, wie hoch der BMI der Teilnehmenden war.[13]

Ich stelle hier nicht zum ersten Mal die Frage, warum die Folgen und Kosten der Gewichtsdiskriminierung nicht genau so ausführlich betrachtet werden, wie die Folgen der „Adipositas".

Denn das einleitende Beispiel zeigt doch, dass die Folgen fatal sein können. Diskriminierung kostet Geld. So ist Bodyshaming am Arbeitsplatz ein Problem, das die Produktivität und somit den Arbeitsoutput von Mitarbeitenden senkt. Wichtig zu erwähnen ist in diesem Zusammenhang auch, dass die Angst mehrgewichtiger Menschen vor Vorverurteilung dazu führt, dass diese oft viel zu spät medizinische Hilfe suchen. Wenig hilfreich sind auch negative und demütigenden Erfahrungen, die dicke Menschen in Fitnessstudios machen, die Ausgrenzung, die wir tagtäglich im öffentlichen Raum erleben oder auch Werbesujets, die Mehrgewicht ins lächerliche Ziehen und somit jeder dicken Person permanent zeigen, dass ihr Körper nicht „normal“, nicht passend ist. Gewichtsdiskriminierung hat Folgen und diese sind nicht nur auf individueller und persönlicher Ebene schmerzhaft, sondern kosten die Wirtschaft einiges. Was umso absurder ist, wenn man bedenkt, dass uns von dieser das Dicksein per se als hoher Kostenfaktor vorgeführt wird.

Die Entmenschlichung der Dicken

> ***„Die Betonung des Menschseins forderte die Menschenwürde und die Menschenrechte ein, sie streitet für das soziale Existenzrecht dicker Menschen.“***
>
> ***Natalie Rosenke***[14]

Die Betonung des Menschseins mag im Zusammenhang mit Mehrgewicht im ersten Moment seltsam anmuten. Doch dieser Punkt ist eine genaue Betrachtung wert. In medialen Berichten werden wir häufig kopflos dargestellt. Auf Halshöhe beschnittene Fotos. Das Schreckensgesicht dieser dabei abgebildeten Bedrohung ist gar kein Gesicht. Sondern eine Blanko-Gestalt, reduziert auf den allessagenden Körper. Dieses Phänomen des kopflosen dicken Menschen nennt man „**headless fatty**“. Diese Darstellung entbehrt nicht nur einer gewissen Freundlichkeit, sondern unterstützt auch gängige Vorurteile und Klischees über dicke Menschen.

Denn der Fokus bei diesen Berichten liegt auf dem Körper, auf der Masse, die gezeigt wird. Als Mensch gar nicht wahrnehmbar. Der Kopf, der dem Körper mehr Persönlichkeit verleiht, der den Gesichtsausdruck zeigt, wird Mehrgewichtigen in diesem Zusammenhang verwehrt. Sympathie mit den Betrachteten soll sich durch solche Bilder wohl nicht einstellen. Es geht einzig darum, einen Punkt klarzumachen: Dick ist nicht gut. Punkt. Eine genauere Betrachtung braucht es dabei nicht.

Wie kann es sein, dass es für herabwürdigende, erniedrigende Begriffe – meistens sind Tiernamen im Spiel –, mit denen dicke Menschen öffentlich bedacht werden, so eine geringe Hemmschwelle gibt? Mehrgewichtigen auf offener Straße **Tiernamen** nachzurufen, sie zu verspotten oder auszulachen, in kleinen oder großen Grüppchen, scheint in unserer Gesellschaft kein Grenzübertritt zu sein. Als wären Dicke eine Art Freiwild. Freigegeben zur Beleidigung.

In über vierzig Jahren kam es in den seltensten Fällen vor, dass sich andere Passant:innen für mich stark gemacht haben, wenn derart verbale Entgleisungen in der Öffentlichkeit gegen mich gerichtet wurden. Nicht selten berichten dicke Menschen, wie andere in ihrer Gegenwart Kameras zücken und einfach drauf los fotografieren. Ungefragt. Als wäre die dicke Person eine Sehenswürdigkeit, eine Kuriosität, die es festzuhalten gilt. „Schau her, ich war in Wien, im Stephansdom, in Schönbrunn und dicken Wesen bin ich auch begegnet, spannend …"

Wie lassen sich **Abnehmshows** wie „The Biggest Loser" erklären? Mehrgewichtige, die sich laufend einen Berg hinauf quälen, mit hochrotem Kopf, am Ende ihrer Kräfte. Menschen, die sich gegenseitig beschimpfen, weil eine Person nicht genug an Gewicht verloren hat in der letzten Woche und nun das ganze Team dafür mitbüßen muss. Hungrige dicke Menschen, die müde und ausgelaugt sind, die weinen, sich schämen und verzweifelt versuchen, ein vorgegebenes

Ziel zu erreichen. Wochenlange Qual vor den TV-Kameras. Gekrönt, durchaus mit DEM Erfolg schlechthin: der deutlichen Gewichtsreduktion.

An dieser Stelle werde ich nicht genauer darauf eingehen, dass man bei langfristiger Begleitung der Teilnehmer:innen noch Wochen und Monate nach der Show, oder bei Besuchen Jahre danach, festgestellt hat, dass viele wieder zugenommen, manche auch ihr Ausgangsgewicht wieder erreicht haben, oder darüber hinaus zugenommen haben. Nur so viel dazu: Die Wiederzunahme ist ein viel beobachteter und seit Jahrzehnten bekannter Effekt bei Diäten. Die strengen Kalorienbegrenzungen in derartigen Abnehmformaten sowie das tägliche Sportpensum, das eher zur Vorbereitung eines Iron Man gedacht wäre, können als solch drakonische Abnehmweise im Alltag einfach nicht umgesetzt werden. Sollte sie auch nicht. Die vermeintliche Hilfe bei der Reduktion des Körpergewichts für ein scheinbar besseren Leben wird so nur zu einem Spektakel, an dem sich anderen ereifern können. Denn die Dicken sollen leiden, gegessen haben sie ja lange genug.

Wer das vermeintliche Normgewicht überschritten hat, soll sich schämen und dafür büßen. Buße tun bedeutet, etwas Gutes zum Ausgleich für begangenes Unrecht tun.

In einer Gesellschaft, die den dicken Körper als Normabweichung und als Verlust der Kontrolle sieht – als Maßlosigkeit (wie sie der Protestantismus eingeführt hat) –, ist die Diät das Mittel zur Buße und der ausgleichenden Gerechtigkeit. Nach Völlerei kommt Zügelung. Dabei wird nicht nur vollkommen außer Acht gelassen, dass Mehrgewicht weit vielfältigere Gründe hat als Maßlosigkeit, körperliche

Diversität wird schlichtweg ausgeschlossen. Egal wie groß die Hürde des Gewichtsverlusts ist, er muss stattfinden. Der dicke Körper muss schrumpfen.

Um die Abweichung der körperlichen Norm bei anderen zu korrigieren, greifen manche Menschen zu Mitteln wie Hasskommentaren. Diese sind unter Posts von Plus-Size-Influencer:innen und Fat-Acceptance-Aktivist:innen leider gang und gäbe und gehören, so grauenvoll es ist, zum Alltag. In einem Gespräch mit dem Gründer von Faires Netz, Thaddäus Leutzendorff, habe ich deutlich vor Augen geführt bekommen, was diese Hassnachrichten alles beinhalten können. Dabei reicht das Repertoire von Beleidigungen und schlechten Witzen bis hin zu (Mord-)Drohungen. Faires Netz geht gegen **Hass im Netz** vor, indem das Unternehmen Menschen rechtlich unterstützt, die Hass ausgesetzt sind.

Während ich mit Thaddäus gesprochen habe, und auch beim Transkribieren des Interviews, habe ich mir immer wieder die Frage gestellt, wie deutlich ich im Buch werden soll. Soll ich Beleidigendes und Verletzendes wiedergeben? Während der Gründer von Faires Netz eher über rechtliche Schritte und die Arbeit des Unternehmens allgemein gesprochen hat, sind mir dabei all die Kommentare durch den Kopf gegangen, die ich bei dicken Influencer:innen und Aktivist:innen immer wieder lese. Worte wie „Frittenpanzer" oder die Beschreibung des Kleidungsstückes einer mehrgewichtigen Influencerin als „10-Mann-Zelt".

Das mag für manche noch harmlos klingen, doch ständig eben solchen Verletzungen ausgesetzt zu sein, ist es nicht.

„Fette Menschen sollten keine Kinder haben" oder auch „du bist so fett, mit dir will ja niemand fi**en" gehen da schon einige Schritte weiter. Wie Drohungen gegen Leib und Leben formuliert werden, möchte ich an dieser Stelle nicht erwähnen.

Die Bandbreite an Hass, der Mehrgewichtigen entgegen gebracht wird, ist also groß. Doch woher stammt die Ablehnung, die hier zum Ausdruck gebracht wird? Was macht dicke Menschen zur Zielscheibe dieser Angriffe? Und lässt sich das überhaupt zufriedenstellend klären?

Hier ein Versuch: In einer Gesellschaft, die Leistung zu ihrem obersten Prinzip gemacht hat und daran alle Lebensbereiche sowie Normen, Schönheit und Körperbild koppelt, stellt die Abweichung eine Provokation dar. Wenn man selbst durch eigene Leistung zum Erhalt dieses Systems beiträgt, warum müssen andere das nicht? Wenn man selbst verzichtet, wieso tun das andere dann nicht auch? So kann ein **Unverständnis für die Andersartigkeit** entstehen. Andere Lebensweisen können Irritation hervorrufen.

Fat Shaming, Mobben, Ausgrenzen, Herabwürdigen und auch Diskriminieren dicker Menschen kann eine Folge dieser Irritation sein. Das öffentlich gezeichnete und bereits vor Jahrhunderten entstandene Bild des faulen, trägen, leistungsunwilligen Mehrgewichtigen bietet da eine gute Zielscheibe für die Ablehnung.

Bei meinen Recherchen bin ich auf eine Theorie C.G. Jungs gestoßen, die in diesem Zusammenhang sehr spannend scheint: Das Konzept der **Schattenarbeit**. Jung erläutert dabei, dass Schatten Teile von uns sind, die wir irgendwann abgespalten und unterdrückt haben oder sogar ablehnen. Teile unserer Persönlichkeit, die wir aus Angst nicht zeigen wollen. Weshalb wir sehr heftig, sogar irrational auf manche Menschen reagieren, weil sie Eigenschaften repräsentieren, die wir in uns zu unterdrücken versuchen.

Die Sozialwissenschaft kennt hier die Theorie des sozialen Vergleichs. Der **Abwärtsvergleich** besagt, dass Menschen ihr Selbstwertgefühl verbessern können, indem sie sich mit

Menschen vergleichen, die in bestimmten Merkmalen unterlegen sind. Es ist sozusagen befriedigend, wenn eine andere Person der körperlichen Norm nicht entspricht, man selbst aber schon. Man ist, so könnte man es ausdrücken, Mitglied im Club der Norm, während andere keinen Zutritt haben. Es bedarf hier eines sehr genauen zweiten und dritten Blickes um festzustellen, ob diese Theorien auf den Hass gegen Mehrgewichtigkeit zutreffen. Doch die Frage, woher diese unbändige Wut und Verachtung für dicke Menschen kommt, beschäftigt viele. Vielleicht ist es auch schlicht die Angst, selbst zuzunehmen und dick zu werden in einer Gesellschaft, die alles abseits der streng definierten Gewichtsnorm abwertend behandelt.

Deshalb sollte es das Ziel sein, Verständnis für Mehrgewicht zu schaffen, Diskussionen über negative Verhaltensmuster gegenüber dicken Menschen zu führen und ein Miteinander zu finden. Wichtige Schritte zu einem Weg raus aus der Belästigung und Diskriminierung Mehrgewichtiger und ein Hinwenden zu einer großen Aufgabe: Gewichtsdiskriminierung zu identifizieren und zu beseitigen.

Dicker Alltag – verstecken unmöglich

> ***„When you're overweight, your body becomes a matter of public record in many respects. Your body is constantly and prominently on display. People project assumed narratives onto your body and are not at all interested in the truth of your body, whatever that truth might be."***
>
> *Roxane Gay*[15]

Ein weiterer Aspekt in der Verkettung der gesellschaftlichen Zustände, die dem Diskurs seine Schlagseite verleihen und verhindern, dass ein vollständiges Bild von Mehrgewichtigkeit (und dem Business dahinter als eigentliches Problem) entsteht, ist das **Paradox der (Un)sichtbarkeit**: Die „Sichtbarkeit" dicker Menschen hat zwei Seiten. Auf der einen Seite übersieht man dicke Menschen gerne, wozu die zuvor schon erwähnten „headless fatties" in der medialen Berichterstattung beitragen. Andererseits sind wir aufgrund unserer Körpergrößen und -formen nur allzu sichtbar. Verstecken ist da unmöglich. Nichtsdestotrotz versuchen es viele von uns ihr Leben lang. So habe ich selbst als Teenager ausschließlich auf schwarze Kleidung gesetzt, möglichst weit. Bloß nicht mehr auffallen, unbedingt untergehen in der Menge, und doch bin ich nie untergegangen. Denn mit einer Körpergröße von 175 cm und einer Kleidergröße 46/48 war ich als 16-Jährige deutlich wahrnehmbar, und damit bin ich kein Einzelfall.

Apropos Kleidung, auch die spielt bei der unauffälligen Auffälligkeit Mehrgewichtiger eine gewichtige Rolle. Im wahrsten Sinne des Wortes, denn ab einer gewissen Kleidergröße, z.B. ab einer deutschen Kleidergröße 48 in der Frauenkonfektion oder einer Größe 58/60 bei Männern, fehlt es oft an passender Kleidung. Hersteller großer Größen lassen es hier oftmals an modischer Fantasie mangeln. Große Prints, seltsame Farbkombinationen. Wenig schmeichelhaft. Auffällig in ihrer eigenen Art. Wenig wird geboten, wenn es um Kleidungsvielfalt geht. Auch wenn die Auswahlmöglichkeiten heute größer sind, als in den 1990ern – meiner Zeit als Teenager – so sind sie noch lange nicht vielfältig genug bzw. werden seit einigen Jahren wieder Stück für Stück weniger. Paradox, werden mehrgewichtige Menschen doch mehr, also sollte der Bedarf größer sein.

Doch der dicke Alltag beinhaltet mehr als den Wunsch nach Untergehen in der Menge oder passender Kleidung. Das Auffallen aufgrund unserer Körpergröße reproduziert ständig das „Herausfallen aus der Norm", das weiter zur Diskriminierung und Stigmatisierung beiträgt. Dies begünstigt, dass wir als unerwünscht auffallen und dadurch noch unsichtbarer sein wollen, weswegen die diskriminierenden, „genormten“ Umstände nur noch stärker etabliert und normalisiert werden können. Besonders deutlich wird dies beispielsweise bei zu kleinen Umkleidekabinen in Kaufhäusern und Boutiquen oder auch zu engen Sitzmöglichkeiten in Restaurants und Hotels. Im Sommer 2020 geriet ein Designhotel im deutschen Cuxhaven in die Medien, als bekannt wurde, dass Gäste ab einem gewissen Körpergewicht nicht willkommen waren. Denn die Designermöbel im Hotel waren für ein Körpergewicht von über 130 Kilo nicht konstruiert.

Gehen wir in den öffentlichen Raum, müssen wir nicht lange nach Platzproblemen suchen. Sitzmöglichkeiten in Warteräumen, Liegen in Krankenhäusern, Untersuchungstische, Plätze in der U-Bahn und anderen öffentlichen Verkehrsmitteln.

Die Begrenzungen sind allgegenwärtig. Da aufzufallen, ist wahrlich keine Kunst.

Deutlich werden wir beständig darauf hingewiesen, dass unsere Körper nicht passend sind. Frustrierend für viele von uns, ein Kampf jedes Mal aufs Neue. Den Platz zu bekommen, der eine:r zusteht, das ist nicht selbstverständlich für uns mehrgewichtige Menschen. Selten steht jemand für uns auf und tritt für uns ein, beschwert sich mit uns, wenn der Platz nicht passt und wir schlecht behandelt werden.

Was oftmals bleibt, ist, dass dicke Menschen sich auch selbst als genau das Problem wahrnehmen, das öffentlich einseitig von ihnen gezeichnet wird. Sie schämen sich und suchen die Schuld häufig allein bei sich. „Wie konnte ich es nur so weit kommen lassen, warum bin ich so geworden, was ist falsch an mir?“, all diese Fragen höre ich in Gesprächen immer wieder. Dabei ist auch immer etwas Verzweiflung zu hören. Denn viele von uns haben eine lange Geschichte der Diätversuche und Ausgrenzung hinter sich. Resignation und Scham können da durchaus verständliche Folgen sein.

Die Einseitigkeit in der Betrachtungsweise hat auch mich an einem gewissen Punkt in meinem Leben schambehaftet auf meinen Körper blicken lassen. Bis ich verstanden habe, dass es um mehr geht als um meine persönliche Gesundheit, um mehr als die Frage, wie viel Gewicht ich auf die Waage bringe. Ein wichtiger Schritt, um sich gegen Gewichtsdiskriminierung zu wehren, ist, diese Scham zu überwinden, sie hinter sich zu lassen. Das ist ein (lebens)langer Kampf, doch er ist wichtig, um Gesellschaft, Politik und Medizin zu überzeugen, das Thema Mehrgewicht differenzierter zu betrachten. Denn nur, wenn man sich bewusst wird, wie einseitig und leistungskonzentriert dick_fette Menschen betrachtet werden, versteht man auch, wo Veränderung notwendig ist und warum ein **Ende der Scham** der erste wesentliche Schritt dafür ist.

Es bleibt uns also nichts anderes übrig, als aufzufallen. Uns stark zu machen für uns selbst.

Wenn wir Gerechtigkeit wollen, dann liegt es an uns, laut und deutlich für uns einzutreten. Denn nur so kann Veränderung starten.

Das Nicht-Auffallen hat also definitiv Grenzen, ob wir wollen oder nicht. Dann nehme ich doch ein Auffallen durch Wehren als eine ganz passable Möglichkeit. Aus Gewichtsgründen aus Räumen ausgeschlossen zu werden, ist Diskriminierung! Die Bitte nach einem größeren Stuhl, oder einem Sessel ohne Armlehnen, die in den Oberschenkel schneiden, ein deutliches „Nein, ich nehme nicht den engen Tisch in der Ecke, ich bräuchte mehr Platz, bitte" – all dies ist ein Schritt aus der „Komfortzone“, die aber im Endeffekt gar nicht wirklich so bequem ist. Wir haben nur unser Leben lang gelernt, dass es für dicke Menschen besser ist, nie die Aufmerksamkeit zu suchen. Schluss damit. Das sage ich an dieser Stelle und in diesem Buch noch viel, viel öfter. Mir fallen hier auch kapitelweise Gründe ein, **warum die leisen Zeiten wirklich vorbei sein sollten.**

ALARMISMUS UND NEGATIVE RHETORIK:

Der dicke Mensch als Problem?

Betrachtet man den gesellschaftlichen Umgang, mediale Berichterstattung oder auch Studien diverser Institutionen, fällt auf, dass gerne von einer „Adipositas Epidemie" gesprochen wird. Das grenzt an Panikmache: Die ganze Gesellschaft verfettet, ist dadurch nicht leistungsfähig, Volkswirtschaften werden kollabieren und das Gesundheitssystem untergehen. Dazu kommt die „Warnung", dass „Dicke" angeblich auch noch früher sterben, was diese Negativspirale nur weiter anheizt.

So wird medial und politisch der „**Krieg gegen Adipositas**" ausgerufen. Wenn man Adipositas googelt und auf den Bereich „News" klickt, erscheinen so viele Artikel über diese Themen, dass einem ganz schwindelig werden kann. Nicht nur das, man bekommt auch Angst: als dicker Mensch, weil Scham und Schuld einen einfach überwältigen, und als nicht dicke Person muss man entweder die gesellschaftliche Gefährdung durch die Dicken fürchten, oder, selbst dick zu werden.

Zwischen „Eigenverantwortung" und Kontrollverlust

> ***„Mitleid ist eine denkbar schlechte Basis, um für die eigenen Rechte zu streiten, denn es entmündigt und entwertet die Bemitleideten."***
>
> ***Natalie Rosenke***[16]

„Du bist selbst schuld", oder „du bist ja krank und musst einem leid tun" – mit diesen beiden Extremen und dem Spektrum dazwischen werden dicke Menschen in der gesellschaftlichen Wahrnehmung konfrontiert. Beides sagt: Du hast keine Kontrolle über deinen Körper und damit über dein Leben. Selbst schuld, dass es so weit gekommen ist, dass du so dick geworden bist. Zu viel gegessen, zu wenig bewegt. Das Bild des maßlosen, Chips essenden, dicken Menschen auf der Couch wird vielfach bedient. Vorurteile: Kontrollverlust, Versagen bis hin zu Faulheit oder dem Unwillen, auf sich zu achten.

Dass diese nur Vorurteile sind, mögen manche nicht glauben. Studien zeigen allerdings immer öfter, dass Mehrgewicht bzw. Hochgewicht auch genetische Gründe und vielfältige andere Ursachen haben kann. So auch auf der Website der Österreichischen Adipositas Gesellschaft zu lesen. Diese hat sich ebenso wie die WHO (Weltgesundheitsorganisation) dem Kampf gegen Adipositas verschrieben. Wodurch gleichzeitig der Blick auf Mehrgewicht kritischer wird, weil es aus medizinischer Sicht als „Leiden" betrachtet wird. Dieser Zugang prägt unser Denken und unser Bild von Mehrgewicht. Dies führt wiederum dazu, dass der dicke Körper als Gefängnis dargestellt wird, in dem wir uns nicht wohl fühlen (dürfen), den wir nicht wollen, den wir aber nicht so einfach loswerden können. Ob „selbst schuld" oder genetisch prädisponiert, in jedem Fall muss der dicke Mensch unter seinem Körper leiden, eine andere Möglichkeit lässt die breite Öffentlichkeit nicht zu.

Es muss einen Grund für die „Missbildung" unserer Körper geben.

Alle Sichtweisen zentrieren den medizinischen Aspekt, wenn es um Fragen des Wohlbefindens und des Lebens von Mehrgewichtigen geht, und gehen dabei vom Grundverständnis aus, dass ein dicker Körper nichts anderes als Belastung sein kann und dass gesundheitliche Fragen einzig auf BMI und Körperumfang zurückzuführen sind. Es macht dicke Menschen dadurch auch zu von ihrer äußeren Hülle überwältigten Menschen, die sich ihrer Last nicht erwehren können.

Im öffentlichen Auge werden wir so entweder zum Hassobjekt oder zum bemitleidenswerten Wesen.

Damit schwanken wir in der Wahrnehmung zwischen Ekel, den man gegenüber dicken Körpern empfindet, und Mitleid, weil wir unglücklich und ungeliebt sein müssen. Denn nichts anderes scheint vorstellbar, wenn man über Mehrgewicht nachdenkt.

So können Dicke nicht selbstbewusst, stark, glücklich und erfolgreich sein. Wir werden zu Opfern degradiert. Die man gerne permanent darauf hinweisen darf, dass etwas mit ihnen nicht in Ordnung ist. Dass sie nicht dem gesellschaftlichen Bild eines „passenden", fitten, leistungsfähigen Körpers und Menschen entsprechen.

49

End the Shame Game

Kommentare wie „Bodyshaming hat schon so manche Menschen zum Abnehmen bewegt" unter einem meiner Reels über Gewichtsdiskriminierung auf Instagram lassen sich so erklären. Als würden herabwürdigende Kommentare, als würden hasserfüllte Worte jemals dazu beigetragen, dass Menschen einen Weg zu einem guten Körpergefühl und einem guten Leben finden. Doch geht es eigentlich darum? Will „man" wirklich, dass ein dicker Mensch einen Weg zu einem guten Körpergefühl findet? Das wage ich bei solchen Aussagen zu bezweifeln. Das Ziel ist einzig die Gewichtsabnahme. Die Frage nach wirklicher Gesundheit stellt sich an dieser Stelle nicht, schließe ich aus dem Umgang. Denn, würde man nicht viel genauer hinschauen, wenn es um physische und **psychische Gesundheit** ginge? Wäre es nicht wichtiger, Menschen dabei zu unterstützen, eben genau hier eine Balance zu finden und gut mit sich umzugehen? Wenn also Menschen, die dicke Menschen beleidigen, ohne sie zu kennen, von „Sorge um deren Gesundheit" sprechen, dann ist das doch nichts weiter als versteckter Hass.

Hass, der einige Menschen dazu bewegt, sich körperlich zu verändern, um diesem Druck nicht länger ausgesetzt zu sein. Wohin führt ein solches Verhalten? Zu lebenslangem Wohlbefinden und Glück oder zu Angst vor erneuter Gewichtszunahme, Panik beim Essen und im schlimmsten Fall sogar zu einer **Essstörung**? Angst vor der eigenen Körperform kann zu massiven gesundheitlichen Beeinträchtigungen führen und ist vor allem schon unter Jugendlichen ein großes Problem. Weltweit nehmen Essstörungen zu. Der Kinder- und Jugendpsychiater Andreas Karwautz widmet sich dem Thema Essstörungen bei Jugendlichen seit über drei Jahrzehnten an der Spezialambulanz am Wiener AKH. Er spricht davon, dass in Österreich etwa acht Prozent aller Jugendlichen, vor allem Mädchen im Alter zwischen 10 und 18 Jahren, von Erkrankungen wie Magersucht, Bulimie oder auch Binge Eating betroffen sind.

> **„Den meisten Essstörungen bei Kindern und Jugendlichen liegt die Angst zugrunde, zu dick zu sein und dadurch nicht akzeptiert zu werden. Die dahinter liegenden Ursachen sind komplex."**[17]

Ich erwähne dieses Thema an dieser Stelle, weil ich aufzeigen möchte, dass gesunde, dicke Körper zu kranken, dünnen Körpern werden können. Nicht nur, aber auch durch falschen Alarmismus, Panikmache, Hass und (Angst vor) Diskriminierung. Wenn die Angst vor dem Dicksein so groß ist, dass Essstörungen entstehen, wenn Hass auf Mehrgewichtige so überhandnimmt, dass rechtliche Schritte notwendig sind und Plus-Size-Influencer:innen um ihr Leben fürchten müssen, dann ist es allerhöchste Zeit zu erkennen, dass wir den öffentlichen Diskurs über dicke Körper nicht länger in einer Spirale von Ekel, Mitleid und Schuldfragen führen dürfen.

Wenn es um die gesellschaftliche und politische Diskussion von Mehrgewicht geht – um die öffentliche Wahrnehmung –, dann wäre ein Diskurs, **der über Schuldfragen hinausgeht**, essenziell. Denn bis dato werden Mehrgewichtige nicht ernst genommen, wenn sie von Diskriminierung oder auch Belästigung und Einschränkungen für ihr Leben sprechen. Mehrgewicht wird einzig als Bedrohung skizziert. Solange wir bei dieser Art der Betrachtung bleiben, ist niemandem geholfen und schon gar nicht der Gesundheit aller Menschen.

Priorisierung und Werte

Das Bild des vermeintlich perfekten Körpers als (einzig) gesunder Körper ist irreführend und schädlich. Es setzt uns alle unter Druck. Physisch und psychisch trägt der Perfektionsgedanke zu Verhaltensmustern bei, die nicht mit „gesund" gleichgesetzt werden sollten. Die Darstellung in Zeitungen und Zeitschriften des Idealkörpers als Vorbild für persönliche Körpermaße und dadurch das eigene Glück ist unserer Gesundheit und unserem Wohlbefinden nicht zuträglich.

Vordergründig spielen diese Bilder Unternehmen in die Hände, die zufällig die passenden Produkte für das Erreichen des körperlichen Optimums verkaufen. Cremen, Gels, Tabletten, spezielle Sportnahrung, Mittelchen, die den Appetit hemmen sollen, und vieles mehr, werden da am Markt der Eitelkeiten feilgeboten. Ganz nach dem Motto „tu dir selbst Gutes, sei gut zu deinem Körper, kauf". Aber nicht nur, dass „sich schlank zu kaufen" nicht so einfach funktionieren wird – wenn es um Gesundheit geht, sind wir nicht nur als Einzelpersonen gefragt, sondern auch der Staat hat hier eine wichtige Verantwortung. Diese liegt nicht bei der Überwachung der Einhaltung des zu Recht viel kritisierten BMI.

Wir schaden uns als Gesellschaft, wenn wir Mehrgewichtige schlecht behandeln.

Was der Umgang mit dicken Menschen aufzeigt, ist, wie wir als Gesellschaft zu Themen wie Körperakzeptanz stehen, welchen „Wert" wir Menschen zuschreiben, die nicht der Norm entsprechen. Dabei verbinden wir Wertigkeit mit Aussehen, je attraktiver du bist, desto erfolgreicher, glücklicher und gesünder bist du. So das öffentlich gezeichnete Bild. Das ist nicht nur sehr kurz gegriffen, sondern exkludiert auch eine Menge Menschen.

Alarmismus und negative Rhetorik

Wenn ich Gespräche zum Thema Gewichtsdiskriminierung führe und anbringe, dass es ein systemisches Problem ist, wie wir mit Körpern umgehen, rollen viele mit den Augen: „Jetzt fängt sie wieder damit an, was soll das eigentlich heißen?"

Es heißt, dass wir Dinge, die unsere Körper betreffen, nicht immer in der eigenen Hand haben. Im Falle der Gewichtsdiskriminierung bedeutet das außerdem oft, dass wir über diskriminierende Erfahrungen gar nicht sprechen können. Entweder wird uns nicht geglaubt, oder aber Diskriminierung wird mit der Debatte über unsere Gesundheit schlicht wegdiskutiert. Denn der dicke Mensch ist in der öffentlichen Wahrnehmung einzig Patient:in und Belastung für das Gesundheitssystem.

Nicht zuletzt wird ignoriert, dass ein schlechterer Gesundheitszustand durch Vorurteile und schlechtere medizinische Versorgung entsteht, nicht durch das Mehrgewicht per se. Dadurch ist allerdings ein nachhaltig besserer Umgang mit Mehrgewicht, politische Änderungen, das Hinterfragen von Strukturen, die dazu führen, dass Menschen diskriminiert werden, nur schwer möglich. Dabei hat selbst die Medizin mittlerweile entdeckt, dass „Dicksein" viele Gründe haben kann und gut gemeinte Ratschläge wie „FDH" (Friss die Hälfte) und „mach einfach mehr Bewegung" nicht hilfreich sind.

Der dicke Mensch wird hier einmal mehr nur als Problem wahrgenommen. Ein Problem, das es möglichst schnell und effektiv zu lösen gilt. Langwierige Debatten und ein Hinterfragen sind dabei nicht vorgesehen. Für „schnelle" Lösungen dieses Problems ist die Diätindustrie da.

Da stellt sich doch die Frage: „Ist eine gute, langfristige Verhaltensänderung im Umgang mit Mehrgewichtigen überhaupt gewünscht?" Die Antwort scheint ein lautes und deutliches „Nein" zu sein.

Die Diskriminierungsfrage wird zur Schuldfrage

Denn die Schuldfrage ist längst geklärt. Die Dicken sind selbst schuld, sie müssen sich ändern, sie müssen abnehmen und Punkt. Die Fragen nach sozialer Gerechtigkeit, die wir Expert:innen und Aktivist:innen in der Fat-Acceptance-Bewegung stellen, werden zu gerne in eine „Ihr wollt euch nur nicht ändern"-Ecke gedrängt. Sogar schädliches Verhalten wird uns attestiert.

Solchen Vorwürfen sehen sich Vertreter:innen der Fat Acceptance, der Bewegung gegen Gewichtsdiskriminierung, immer wieder ausgesetzt und die Vorwürfe sind laut und vehement. Dabei stellen sich mir im Laufe meiner Arbeit immer wieder die Fragen, woher diese Vehemenz kommt, wieso die Ablehnung so groß ist.

Ist die Forderung nach fairer Behandlung, das Hinterfragen von Vorurteilen, eine derartige Provokation?

Im ersten Moment möchte ich da immer „Nein" sagen. Denn alles, was wir wollen, ist, ein gutes Leben zu führen. Gerecht und fair behandelt zu werden und nicht ständig gegen Vorurteile angehen zu müssen. Denn dieses Angehen, dieser Kampf, sich immer wieder verteidigen müssen, um z.B. medizinisch gut behandelt zu werden, um nicht ausgelacht oder nicht ernst genommen zu werden, ist sehr anstrengend. Doch dieses „Nein" ist zu kurz gedacht. Denn gegen Gewichtsdiskriminierung anzugehen, überhaupt von Diskriminierung im Zusammenhang mit Gewicht zu sprechen, bedeutet, Systeme zu hinterfragen, zu hinterfragen, wie wir zusammenleben, arbeiten und welche Werte wir als Gesellschaft hochhalten. Ganz grundlegende Dinge werden dabei also in Frage gestellt. Denn Aktivist:innen, Influencer:innen und Expert:innen hinterfragen mehr als Klischees und sie fordern mehr als nur „nett sein".

Der Umgang mit Mehrgewicht zeigt, wie die Gesellschaft mit Leben abseits der gängigen Norm umgeht.

Daran ist nichts neu. Diskriminierung findet leider in vielen Lebensbereichen statt und ist für viele Menschen täglich gelebte Realität. Ob Ethnie, Sexualität, Geschlecht, oder auch übergreifend (intersektional / Mehrfachdiskriminierung) – in all diesen Bereichen ist Diskriminierung seit vielen Jahren ein Thema und der Kampf dagegen ist langwierig und leider noch lange nicht zu Ende. Gewichtsdiskriminierung ist hier ein recht neues Thema. Öffentlich noch kaum wahrgenommen bzw. belächelt und in der Politik noch lange nicht angekommen, wie schon bei meiner Recherche zu Anlaufstellen für Gewichtsdiskriminierung festgestellt. Auch wenn es weltweit erste Gesetze, einen rechtlichen Diskriminierungsschutz für „Gewicht" gibt. So z.B. in einigen Städten der USA oder auch innerhalb Europas genauer gesagt in Reykjavik in Island.

Um Gewichtsdiskriminierung politisch und gesellschaftlich zu einem ernstzunehmenden Thema zu machen und Aufmerksamkeit auf Ungerechtigkeiten und Ungleichheiten zu lenken, bedarf es noch viel Arbeit. Denn dicke Menschen haben keine große Lobby, die sich für sie stark macht, und jede Person, die sich öffentlich dazu äußert, sieht sich einer massiven Front an Kritiker:innen aus Medizin, Gesellschaft und Politik ausgesetzt. Es fehlt den Expert:innen und Aktivist:innen auch oft an finanziellen Mitteln, um Studien zu finanzieren oder Kampagnen zu starten, die auf die Thematik aufmerksam machen, und den Umgang mit Mehrgewicht so einmal von einer anderen Seite beleuchten zu können. Die Lobby der Diätindustrie kann hier mit deutlich mehr Mitteln entgegenhalten. Kampagnen für neue Produkte zum Abnahmen und ein vermeintlich besseres Leben erreichen dadurch ein Millionenpublikum, während Initiativen gegen

Gewichtsdiskriminierung weit weniger Aufmerksamkeit auf sich ziehen können. Zumal wir im Bereich der Fat Acceptance nicht nur Aufklärung nach außen, in Medizin, Politik, Gesellschaft betreiben, sondern auch nach innen. Denn Jahrhunderte des Beschämens dicker Menschen haben ihre Spuren hinterlassen: Die Abscheu vor dem eigenen dicken Körper spielt in den Leben Dicker oft eine große Rolle, die inneren Kritiker:innen sind manchmal die lautesten.

So stellt, wer Gewichtsdiskriminierung anprangert, nicht nur Fragen nach Lebensmittelverteilung, übt Kapitalismuskritik, hinterfragt seit Jahrhunderten gängige Vorurteile und Ansichten und zeigt rassistisches Gedankengut (vgl. S. 63–64) auf, sondern zeigt auch, wie internalisierter Selbsthass unser Handeln prägt.

Dass diese Herangehensweise für Aufruhr sorgt, ist wahrscheinlich verständlich. Solche Kritik schnell zum Verstummen zu bringen, ist öffentlich gesehen gar nicht so schwer. Es braucht nur Worte wie „Adipositas-Epidemie" und schon sind die Weichen zur gesellschaftlichen Empörung über Mehrgewicht und den Versuch dicker Menschen, sich ihren Platz in der Gesellschaft zu erkämpfen, gestellt.

Die Medikalisierung eines systemischen Problems

> ***„Problems of fat people are not seen as political problems, but as medical problems; and not as needing a political solution but as needing a medical solution."***
>
> ***Charlotte Cooper***[18]

Expert:innen sprechen von einer „Medikalisierung" des gesellschaftlichen Diskurses zum Thema Mehrgewicht. Um das Thema Gesundheit kommt man, wenn man in der Öffentlichkeit über den Umgang mit Mehrgewichtigen sprechen möchte, nicht herum. Der medizinische Aspekt steht so immer im Vordergrund. Über Stigmatisierung und Diskriminierung lässt sich da oft schwer diskutieren. Denn das Totschlagargument „aber das ist ja ungesund und Schluss" und das darauffolgende „Abnehmen löst das Problem, dann gibt es keine Diskussion mehr" lassen jedes Gespräch über Gewichtsdiskriminierung rasch verstummen.

Fragen nach sozialer Ungleichheit, Lebensmittelversorgung, den Umgang mit Lebensmitteln, das Stigma, das den Zugang zum Arbeitsmarkt erschweren kann, und weitere wichtige Aspekte werden durch die Medikalisierung nichtig.

Der „Das ist ungesund"-Diskurs würgt sie schnell ab.

In Diskussionsforen unter Artikeln aktueller Tageszeitungen und Zeitschriften ist der Tenor eindeutig, wenn es um das Thema geht: Dicke sind selbst schuld, sie zerstören Krankenkassen, Sozialversicherungssysteme und Volkswirtschaften. Die Headlines sind kurz und knackig, die Zwischenüberschriften ebenso reißerisch, und wer aktuelle Studien zum Anlass für das Schreiben eines Artikels nimmt, kann so mit negativen Schlagzeilen und warnenden Worten aufwarten. Denn Studien, die laut vor den Gefahren von Mehrgewicht bzw. Übergewicht warnen, gibt es viele.

Wie eine aktuelle aus Österreich: Im Oktober 2024 wurden die Ergebnisse eines Forschungsprojektes des IHS[19] (Institut für Höhere Studien) veröffentlicht, das von Juni 2021 bis Mai 2022 durchgeführt wurde. Dieses zeigt, dass acht Prozent aller Todesfälle, bzw. 4000 Todesfälle jährlich, in Österreich auf Adipositas (übermäßige Vermehrung des

Fettgewebes im Körper) zurückzuführen sind. In den präsentierten Ergebnissen des Projektes findet sich auch eine Schätzung der durch Adipositas verursachten jährlichen Kosten für die Volkswirtschaft, diese werden mit ungefähr 2,4 Milliarden Euro beziffert. Aufgeteilt auf Gesundheitskosten und Kosten für den Arbeitsmarkt.

Ergebnis laut Projektteam: Adipositas ist ein „zentrales Problem für die öffentliche Gesundheit und unsere Wirtschaft."

In den Studienergebnissen angeführt sind Fallbeispiele für eben diese negativen Auswirkungen und Handlungsempfehlung für die Politik, die in Zusammenarbeit mit der ÖAA (österreichische Adipositas Allianz) ausgearbeitet wurden. Darin u.a. die Empfehlung der Anerkennung von Adipositas als chronische Erkrankung, sowie besserer Therapiemöglichkeiten und auch, das sei hervorgehoben, die Forderung nach dem Abbau von Stigmatisierung und Diskriminierung Mehrgewichtiger. Wobei in der Studie nicht das Wort „mehrgewichtig" benutzt wird.

Das mediale Echo der Publikation des Forschungsprojektes war entsprechend alarmierend. „Adipositas belastet Österreich mit 2,4 Milliarden" oder auch „IHS-Studie zeigt alarmierende Ergebnisse" waren einige der darauffolgenden Schlagzeilen. Alarm und Zahlen verkaufen sich gut und verdeutlichen praktischerweise das „massive Problem". **Das Problem des dicken Menschen**. Denn wie Forschungsprojekte und Studien immer wieder zeigen, liegt das Problem von Mehrgewicht bei den Menschen selbst. Das Erodieren der Gesundheitssysteme findet so ebenso Schuldige. Die Dicken müssen es sein. Weder Zwei-Klassenmedizin, noch Vorurteile, die dicken Menschen den Zugang zu guter Behandlung verunmöglichen, noch das Fehlen von medizinischem Fachpersonal sind dann ein Thema. Prävention wird hingegen deutlich genauer dargestellt: Darunter fallen Essverhalten, Kalorienzufuhr und vor allem die dringende Anerkennung als chronische Erkrankung, um bessere Therapiemöglichkeiten – und damit den Zugang zu Medikamenten – zu erhalten. Solche Aspekte der Prävention fanden Eingang in die mediale Debatte. Wenig zu finden war hingegen eine der wichtigen Forderungen der ÖAA: der Abbau von Stigmatisierung und Diskriminierung. Nur in einem einzigen Artikel konnte ich bei der Recherche etwas über das Thema finden.

Doch nicht nur von Seiten der Medizin wird Alarm geschlagen, auch die Wirtschaft hat das Thema Adipositas, vor allem seit der Corona-Pandemie, für sich entdeckt. So brachte der Thinktank der Wirtschaftskammer Wien, der Wiener Wirtschaftskreis, eine Broschüre mit dem Titel „Adipositas und Ernährung – Prävention statt Reparaturmedizin"[20] heraus, um auf wirtschaftliche Folgen hinzuweisen und mögliche Handlungsweisen für Unternehmer:innen aufzuzeigen. Auf 36 Seiten finden sich Formulierungen wie „[die] sich in erschreckendem Maße verbreitend[e] Adipositas, [die] Fettleibigkeit"[21], „Auf der anderen Seite ist der durch Adipositas bewirkte wirtschaftliche Schaden enorm"[22] oder „Übergewicht: Krank, depressiv und früher tot"[23]. Die Conclusio ist, ähnlich zu der des IHS-Forschungsprojektes: Adipositas verursacht **enormen wirtschaftlichen Schaden**.

Während einige der erwähnten Präventionsmaßnahmen öffentlich viel mehr diskutiert werden sollten, so z.B. Ernährung in Schul- oder auch Unternehmenskantinen und Bewegung in der Schule, liegt der Fokus auf dem Zeichnen des Schreckens der Adipositas von Kosten für Unternehmen, Krankenkassen und vor allem auch für den Pflegebereich.

Ich habe hier zwei von vielen Beispielen aus Berichterstattung und Studienlage herausgenommen. Es gibt dahingehend noch viel mehr Material. Doch diese beiden Beispiele zeigen bereits deutlich den Tenor, in dem das Thema Mehrgewicht öffentlich diskutiert wird. Der dicke Körper als Problem, als Belastung, der dicke Mensch als **schuldig an systemischen Herausforderungen** und negativen Entwicklungen. Aufforderungen an die Politik, sich der Thematik anzunehmen und über Entstigmatisierung nachzudenken, gehen dabei oft unter, werden zu wenig deutlich formuliert und auch medial zu wenig besprochen. Wie gesagt, der dicke Mensch hat keine Lobby.

Der Punkt des Stigmas ist mir besonders wichtig, hervorzuheben. Für das gesamte Buch und meine Betrachtungen gilt:

Ich negiere wissenschaftlichen Studien und ihre Ergebnisse nicht, ebenso wenig medizinische Forschung und die Erkrankungen von Menschen. Ich hinterfrage aber die Herangehensweise an das Thema.

Denn, ist dieser Alarmismus hilfreich? Werden Forderungen nach Entstigmatisierung, die grundlegend sind, dadurch mehr wahrgenommen? Führt dies zu einer besseren Situation Mehrgewichtiger und werden dabei jene Fragen gestellt, die nachhaltig zu einem besseren Leben für dicke Menschen führen können? Im Gegenteil. Große, essentielle Fragen, wenn es um echte Gesundheit geht, werden bei allem Alarmschlagen ausgeklammert. Psychische Gesundheit, die durch Diskriminierungserfahrung angeschlagen ist, sowie die Frage des Zugangs zu Lebensmitteln (so waren 2023 etwa 12 Prozent der Österreicher:innen von Lebensmittelarmut betroffen)[24] werden nicht betrachtet. Ebenso wenig sehen wir, dass Mehrgewichtige oftmals erst spät in Krankhäuser und Ordinationen gehen, ärztliche Hilfe suchen. Somit erscheinen Themen wie Prävention in keinem umfassenden, „ganzen" Bild – wir sprechen über das Problem dicker Mensch immer nur aus dieser einen

Perspektive, kaum über die Ausgrenzung und Stigmatisierung und damit Gewichtsdiskriminierung. Doch die Folgen der Gewichtsdiskriminierung zu beleuchten, wäre ebenso wichtig. Denn während die Kosten der Adipositas ausführlich diskutiert werden, werden die Kosten der Gewichtsdiskriminierung und des dadurch entstehenden Bodyshaming (Herabwürdigen, Beschämen von Körpern, die nicht der sogenannten gesellschaftlichen Norm entsprechen) kaum aufgegriffen.

Dabei zeigen Studien, dass Gewichtsdiskriminierung weitreichende Auswirkungen hat. So belegen mehrere Studien, dass dicke Menschen in der Arbeitswelt gleich mehrfach benachteiligt sind. Beispielsweise wird dicken Frauen nicht zugetraut, Führungspositionen zu übernehmen. Doch nicht nur für die Einstellung von Frauen ist Mehrgewicht ein Problem. Auch auf die Bezahlung hat der dicke Körper Auswirkungen. Dicke verdienen weniger,[25] wovon auch wiederum vor allem Frauen betroffen sind (mehr zu den Folgen der Gewichtsdiskriminierung in der Arbeitswelt ab S. 77).

Darüber hinaus wird Stress mit all seinen negativen psychischen und physischen Auswirkungen bereits seit einiger Zeit nicht nur als Faktor für Mehrgewicht, sondern auch als Grund für psychische Probleme und Depressionen bei dicken Menschen diskutiert. Also Depression als Ursache für Mehrgewicht und nicht als Folge davon.

Die Folgen von Gewichtsstigmata sind auch in der Medizin äußerst weitreichend. Mediziner:innen, die sich vor dicken Patient:innen ekeln und sie deshalb nicht anfassen wollen, sind hier nur als ein Beispiel zu nennen. Wie soll z.B. die wichtige Anamnese, das essenzielle Erstgespräch, durchgeführt werden, wenn es hier von medizinischer Seite Vorurteile gibt?

Zu wenig Aufmerksamkeit bekommt auch die Frage, wie sich Diskriminierung Mehrgewichtiger im Alltag auswirkt. Permanente Herabwürdigung, Beschimpfungen auf offener

Straße, öffentliche Räume in denen kein Platz für dicke Personen zu sein scheint. All das hat Folgen für das Leben und die Psyche dicker Menschen.

Somit lässt sich feststellen, dass wir trotz umfangreicher Studien- und Forschungslage zum Thema Mehrgewicht nie ein umfassendes Bild der Thematik haben.

Dass Stigmata und Vorurteile auch diesen so wichtigen Teil der Wissenschaft beeinflussen. Das Problem „dicker Mensch" wird oftmals einseitig gezeichnet. Themen wie „Health at any size", gewichtsneutrales Denken – der auch in der Wissenschaft diskutierte Ansatz, in der Gesundheitsdebatte nicht auf das Gewicht zu fokussieren – finden öffentlich so wenig Raum, dass ich an einer ganzheitlichen Betrachtung der Mehrgewichtigkeit zweifle, und auch die öffentliche Diskussion große Lücken aufweist.

Ich sage, es ist notwendig, die Thematik des Mehrgewichts aus dem medizinischen Umfeld herauszuheben, um auf die vielfältigen Aspekte der Gewichtsdiskriminierung hinzuweisen, um zu verdeutlichen, wo Diskriminierung oder auch Belästigung aufgrund des Körpergewichts stattfindet.

DIE ENTSTEHUNG DER DICKENFEINDLICHKEIT:

Einseitige Blickwinkel und ihre nachhaltigen Folgen

Schuld und die daraus resultierende Scham sind effektive Instrumente. Denn Menschen, die sich schämen, ziehen sich zurück, werden nicht laut, suchen die Fehler ihres Versagens bei sich. Wenn es heutzutage um das Thema „Adipositas" und „Übergewicht" geht, scheint die Schuldfrage zwar im ersten Moment schnell geklärt, doch die **Wurzeln der Gewichtsdiskriminierung** und der damit verbundenen Abwertung dick_fetter Körper liegen weit zurück und es gibt unterschiedlichste Theorien dazu. Im Folgenden ein Exkurs, der einige Theorien zusammenfasst und mögliche Erklärungen aufzeigen soll.

Dickenfeindlichkeit ist kein Phänomen der Neuzeit. Über Jahrhunderte hinweg wurden dicke Körper unterschiedlich betrachtet. Von „Genussmensch" bis hin zur „Maßlosigkeit" – Schönheitsideale und Blickwinkel auf den mehrgewichtigen Körper waren und sind divers. Doch die Geschichte des (Mehr-)Gewichts ist eine Geschichte der Normen und der Moral. Bereits in der Antike gab es derartige Normen und es entstanden System für Maße und Gewichte.

Mit der industriellen Revolution im 18. und 19. Jahrhundert gewannen Normen nicht nur technisch gesehen zunehmend an Bedeutung. Die Normierung wirkte sich auch auf die Betrachtung des menschlichen Körpers und des Körpergewichts aus. Denn mit der industriellen Revolution gewannen Begriffe wie Leistungsfähigkeit und Fleiß an Bedeutung. Die Norm war somit der leistungsfähige Mensch, der einen entsprechenden Körperbau aufwies.

„Die Norm": Ein Begriff, der in starkem Kontrast zum „Übergewicht" steht. Denn der dicke Körper passt nicht in gängige Normen. Scheinbar nicht zu Begriffen wie „Leistungsfähigkeit" und „Fleiß". Der dicke Körper wird seit der industriellen Revolution zumindest in der westlichen Welt zunehmend als Bürde und Last gesehen. Worte wie „Kalorien-Teufel", wenn es um Berichte der Zeit über maßloses Essverhalten geht, oder auch die immer wieder erwähnte Willensschwäche bei der Beschreibung dicker Menschen zeigen dabei deutlich, wie **stark moralisiert** die Betrachtung dicker Körper damals war und auch heute noch ist.

Die Wurzeln dieser Moral findet die Professorin für Black Studies an der Universität von Kalifornien und Autorin Sabrina Strings in der „Furcht vor dem schwarzen Körper" („Fearing The Black Body"). Die Autorin argumentiert in ihrem 2019 erschienenen und viel beachteten Buch, dass Rassismus dem Blick auf dicke Körper zu Grunde liegt.

> **„I argue that two critical historical developments contributed to a fetish for svelteness and a phobia about fatness: the rise of the transatlantic slave trade and the spread of Protestantism. Racial scientific rhetoric about slavery linked fatness to 'greedy' Africans. And religious discourse suggested that overeating was ungodly."[26]**

Bei der „Fettphobie", die Strings bespricht, geht es nicht um die Gesundheit, sondern vielmehr darum, den Körper zu nutzen, um Rassen-, Klassen- und Geschlechtsvorurteile zu rechtfertigen.

Die Entstehung der Dickenfeindlichkeit

Die Professorin zeigt auf, dass der Kampf gegen Adipositas nicht ursprünglich von der Medizin gestartet wurde, sondern dass die Wurzeln der Abneigung gegenüber dicken Körpern in gesellschaftlichen Strukturen und in rassistischen Blickwinkeln liegen und eine Rechtfertigung von Rassen-, Klassen- und Geschlechtsvorurteilen darstellen sollten. So galten zur Zeit des Sklavenhandels die Körper schwarzer Frauen, die nicht in ein protestantisches Bild des sehr schlanken Körpers passten, als Antithese zum angestrebten westlichen, weißen Bild eines „gesunden, leistungsfähigen und moralisch idealisierten" Körpers. Aus dieser Sicht auf den Körper entstand das heute noch verbreitete und mit Scham behaftete Bild des Dickseins: leistungsunwillig, faul und träge. Tief verwurzelt in einem Menschenbild, das nach „wertvoll" und „weniger wert" einteilt und unseren Blick auf Menschen weiter prägt.

Um die Worte noch einmal zu bemühen: Der **fitte, leistungsfähige und dadurch vermeintlich immer gesunde** Mensch prägt unser Bild von Körpern bis heute und weitere Exkurse in die Geschichte zeigen, dass diese Annahmen auch im 20. Jahrhundert unsere Schönheitsideale geprägt haben. Darüber hinaus hatten sie Einfluss auf die Medizin. Auch die Entwicklung des BMI als der Beginn des „Kampfes gegen Adipositas" lässt sich auf die von Strings erwähnten Zeitpunkte zurückführen.

Die 1990er und die „Adipositas-Epidemie"

Das Prinzip des Body-Mass-Index mit der Bezeichnung „BMI" entstand 1972. Für die Berechnung des BMI wird das Körpergewicht in ein Verhältnis zur Körpergröße gesetzt. Der BMI berechnet sich aus dem Quotienten aus Körpergewicht in Kilogramm und Körpergröße in Metern zum Quadrat (kg/m^2). Er ist die Beurteilungsgrundlage für die Gewichtsklassifikation, die sich folgendermaßen darstellt:

BMI	Bewertung
< 18,5	Untergewicht
18,5–24,9	Normalgewicht
25,0–29,9	Übergewicht im Stadium der Präadipositas
30,0–34,9	Übergewicht im Stadium der Adipositas Grad I
35,0–39,9	Übergewicht im Stadium der Adipositas Grad II
> 40	Extreme Adipositas (Adipositas Grad III, Adipositas permagna)

Der BMI ist wissenschaftlich nicht unumstritten. So gibt es Stimmen, die darauf hinweisen, dass der BMI eine zu ungenaue und unvollständige Grundlage ist, um „Gesundheit" darzustellen. Die Erwähnung des BMI an dieser Stelle ist aber wichtig, um in Folge zu verdeutlichen, wie Studienergebnisse einzuordnen sind, um Argumentationen rund um Mehrgewicht aus aktueller medizinischer und politischer Sicht korrekt wiederzugeben, und auch weil die Diskussion rund um den BMI ein wichtiger Bestandteil der Gesundheits- und Gewichtsdiskriminierungsdebatte ist.
Denn auf dem BMI fußt auch die in den 1990er-Jahren stark an Fahrt gewinnende Debatte rund um Adipositas und Übergewicht. Diese Debatte ist die Grundlage für den von der WHO weltweit initiierten Kampf gegen die Adipositas-Epidemie.

Die „Adipositas-Epidemie" ging in den späten 90ern durch die Medien, über Krankenhausflure, durch Arztpraxen, und wurde in der Gesundheitspolitik festgeschrieben. In einem Bericht von 1997 macht die WHO auf die angeblich größte Bedrohung der Menschheit aufmerksam: Adipositas (Fettleibigkeit). Der Bericht „Obesity: preventing and managing the global epidemic: report of a WHO Consultation on Obesity, Geneva, 3–5 June 1997"[27] ist ein grundlegendes Dokument, wenn es um das Thema Gewichtsdiskriminierung geht. Denn hier wurde festgelegt, was uns seitdem in der Frage um Mehrgewicht/Hochgewicht beschäftigt: Adipositas als Bedrohung für Wirtschaft, Gesundheit, Politik und Leben.

Dabei wurden bis zur Mitte der 1990er „Adipositas" und „Übergewicht" öffentlich vor allem als Resultat falscher Lebenseinstellungen verstanden. Das bedeutet, falsche Ernährungsgewohnheiten und auch Bewegungsmangel waren im Fokus der Debatte, wenn es um dicke Menschen ging. Doch dies änderte sich mit Ende der 90er-Jahre grundlegend, als Adipositas erstmals als Krankheit eingeordnet und eine drohende Epidemie beschrieben wurde. Zurückzuführen ist diese Entwicklung auf eine in dieser Zeit immer größer werdende Gruppe von Mediziner:innen und Forscher:innen, die sich mit Adipositas beschäftigten und mehr Aufmerksamkeit für das Thema verlangten.

Der US-amerikanische Mediziner William Dietz, damals Direktor der Abteilung für Ernährung, körperliche Aktivität und Adipositas am Zentrum für die Prävention chronischer Krankheiten und Gesundheitsförderung des Centers for Disease Control (CDC), war federführend bei der Festschreibung der **Adipositas als Krankheit**. Seiner Meinung nach sollte damit klar gezeigt werden, dass Übergewicht und Adipositas nicht das Resultat der Handlungen dicker Menschen ist (Lebensentscheidungen), sondern dass das Umfeld („environment", z.B. Gesundheitspolitik, Lebensmittelsicherheit, Umweltfragen) eine große Rolle bei der Entstehung der Krankheit Adipositas spielt. Um besser gegen das „Fortschreiten der Krankheit" vorgehen zu können, bessere Behandlungsmethoden zu suchen und zu verschreiben, eine übergeordnete Debatte auf politischer Ebene zu führen und auch, um einer Stigmatisierung Mehrgewichtiger vorzubeugen („Die sind ja selbst schuld"), empfahl Dr. Dietz die Einordnung von Adipositas als Krankheit („disease").

Um von der Wichtigkeit seines Vorgehens zu überzeugen und zu verdeutlichen, wie sehr sich Adipositas verbreitet, setzte Dr. Dietz bei seinen Vorträgen sogenannte „Heatmaps" ein: farblich kodierte Landkarten, die die Verbreitung in den USA darstellen. So leuchtete es auf dieser Karte rot, orange oder auch gelb, um die Gefährlichkeit zu verdeutlichen. Das hatte vor ihm noch niemand so gemacht und rasch verbreiteten sich diese Darstellungen in medizinischen Institutionen und auch in den Medien.

Das Thema gewann immer weiter an Aufmerksamkeit und Bedeutung. Nachdem die WHO es 1997 auch auf ihre Agenda gesetzt hatte, verbreitete sich so die Sorge um Übergewicht und Adipositas und die Bekämpfung des Mehrgewichts. Weltweit wurden nationale **Adipositasrichtlinien** geschaffen, um ein konzertiertes Vorgehen zu ermöglichen. Dabei entstanden auch in Österreich diverse Aktionspläne, von den Krankenkassen wurden seitdem unzählige Initiativen gestartet, um Menschen beim Kampf gegen ihr Übergewicht zu unterstützen.

Dabei passierte aber etwas, das Dr. Dietz so vielleicht nicht beabsichtigt hatte. Die Diskussion über Umwelteinflüsse und die Entstigmatisierung Mehrgewichtiger wurde von Medizin und Politik nicht weitergeführt. Abnehmprogramme und Diätprodukte wurden entwickelt und gefeiert und der Ton gegenüber dicken Menschen verschärfte sich deutlich. Dabei nahmen Berichterstattungen über die sogenannte Epidemie und die Folgen für Wirtschaft und Gesellschaft nicht nur zu, auch die **Sprache wurde aggressiver**. Das Wort „Epidemie" selbst sorgte für Aufsehen und Schrecken – in Verbindung gebracht mit einem höheren Sterberisiko und im Laufe der Jahre auch mit der Sorge, dicke Menschen würden der Volkswirtschaft und dem Gesundheitssystem schaden, wurden Adipositas und Übergewicht zu gesundheitlichen Schreckgespenstern. Bis heute hat man es nicht geschafft, diese erfolgreich zu vertreiben.

Der diskriminierende Blick auf Mehrgewichtige macht es im Gegenteil sogar schwerer für dicke Menschen, ein gesundes, gutes Leben zu führen.

Ein Grund dafür ist bis heute auch das Festhalten am Body-Mass-Index zur Ermittlung der Gesundheit von Menschen.

Der Einfluss der WHO ist hier keinesfalls zu unterschätzen, denn mit der Veröffentlichung ihres Berichts im Jahre 1997 setzte die WHO einen Schritt, der quasi über Nacht Millionen von Menschen mehrgewichtig machte. Denn sie senkte die sogenannte „Übergewichtsgrenze" auf einen BMI von 25. Davor lag diese Grenze bei Männern und Frauen bei einem BMI von 27.

Der BMI als Fehlentscheidung

Im Laufe dieses gesamten Prozesses, der mit Mitte der 1990er-Jahre anfing und bis heute anhält, wurden **dicke Menschen nie miteinbezogen**: Die Gesundheit dicker Menschen wurde besprochen, ohne auch nur einmal mit Mehrgewichtigen darüber zu reden. Annahmen wurden getroffen, über die Köpfe Mehrgewichtiger hinweg.

„Annahmen" ist hier als Begriff absichtlich gewählt, denn sowohl das Einstufen von Adipositas als „disease" als auch die dafür herangezogene Formel des BMI sorgte von Anfang an auch innerhalb der Medizinwelt für Kritik. So zum Beispiel, als die in den USA größte Standesvertretung von Ärzt:innen und Medizinstudierenden, die American Medical Association (AMA), Adipositas offiziell als Krankheit einstufte.

> **„The American Medical Association (AMA) recently classified obesity a disease, defining obesity as having a Body Mass Index (BMI) measure above 30. This decision went against the advice of its own Public Health and Science Committee, and has sparked widespread discontent and discussion amongst medical and healthcare communities. The fact that this classification has been made has potential ramifications for health care around the world, and many factors need to be considered in deciding whether the decision to make obesity a disease is in fact appropriate."[28]**

Die Kritik: Der BMI sei zu fehlerhaft und nicht genau genug, um die Einstufung als Krankheit zu rechtfertigen. Doch die Kritik wurde abgetan. Das Einstufen als Krankheit bringe mehr Vorteile als Nachteile mit sich. Die USA machte es vor, die Welt folgte. Bis heute gibt es Diskussionen darüber, ob Adipositas als Erkrankung zu sehen, der richtige Weg ist. Auch von Seiten der Politik wird die „Selbstverschuldung" als Problem für Mehrgewicht immer wieder betont. Das hat auch Auswirkungen auf den öffentlichen Diskurs. Selbstverschuldung wird hier als Hauptproblem wahrgenommen.

Bereits in den 1990ern wurde Kritik an anderen Organisationen laut, die das Festschreiben von Adipositas als Krankheit forcierten. Die politisch sehr einflussreiche, 1995 gegründete American Obesity Society (Amerikanische Adipositas Gesellschaft) wurde u.a. von Firmen finanziert, die Diätprodukte vertreiben, so z.B. Weight Watchers oder Slim Fast, und auch die Pharmaindustrie in Form der Roche-Gruppe war Geldgeberin. Der Eindruck, dass sich Diät- und Pharmaindustrie so Meinungsbildung erkaufen, kann nicht von der Hand gewiesen werden. Bis heute ist der Einfluss der Industrien auf die Gesundheitspolitik ein großes Thema.

Denn wie kann Unabhängigkeit bewahrt bleiben, wenn die wichtigsten Geldgeber:innen aus der Industrie kommen, die mit der WHO-Entscheidung des Absenkens des BMIs für Übergewicht über Nacht Millionen an Kund:innen dazu gewann?

Neue Denkansätze und heftige Kritik

Wenn wir über das Dicksein diskutieren, über mehrgewichtige Menschen sprechen, dann dürfen wir nicht aus den Augen verlieren, wie stark die Lobby der Pharmaindustrie ist und wie vordergründig die wirtschaftlichen Interessen sind. Wenn ich davon spreche, dass „Meinungsbildung erkauft wird", dann sind es genau jene Interessen, die großen Einfluss auf die öffentliche Meinung über Mehrgewicht haben. Wirtschaftliche Interessen, die in die Gesundheitspolitik miteinfließen (wie anhand des Beispiels WHO zu sehen ist), beeinflussen so auch unseren Blick auf das Thema Mehrgewicht und wie wir dicke Menschen beurteilen und wahrnehmen.

Dadurch wird das Narrativ so negativ, dass es nur schwer zu durchbrechen ist.

Sogar, wenn es eine wissenschaftliche fundierte Sichtweise ist, die gängige Perspektiven in Frage stellt. Weshalb ich an dieser Stelle auf eine Studie eingehen möchte, die 2013 erschienen ist.

Führe ich wissenschaftliche Studien an, dann um zu zeigen, dass ich nicht nur von „Meinungen" spreche. Aktivist:innen werden gerne belächelt oder als nicht objektiv dargestellt. Doch die Wissenschaft hat ganz klare Parameter, nach denen sie vorgeht. Hier zu unterstellen, dass Ergebnisse nicht wahr sein können, nur weil sie nicht ins gängige Bild passen, ist hingegen alles andere als objektiv, sondern zeigt auch, wie sehr unsere Meinung zum Thema Mehrgewicht schon beeinflusst ist.

2013 präsentierte ein Team rund um die Wissenschaftlerin Katherine Flegal die Ergebnisse der Studie: Association of All-Cause Mortality With Overweight and Obesity Using Standard Body Mass Index Categories[29] (Zusammenhang zwischen Gesamtmortalität und Übergewicht und Fettleibigkeit unter Verwendung von Standardkategorien des Body-Mass-Index), erschienen im Journal of the American Medical Association.

Die vorgestellten Ergebnisse sorgten für Aufregungen in Medien und Medizinwelt. Dabei wurden 97 Studien, die zwischen 1997 und 2012 durchgeführt wurden, systematisch verglichen und überprüft. Das Ziel war es, den **Zusammenhang zwischen Übergewicht/Adipositas und Sterblichkeit** zu untersuchen. Die Ergebnisse der Meta-Analyse sorgten international für Aufsehen. Denn die Studie zeigt, dass das Sterblichkeitsrisiko bei Übergewichtigen mit einem BMI von 25–30 um sechs Prozent geringer ist als bei normalgewichtigen Menschen. Darüber hinaus zeigte sich, dass bis zu einem gewissen Grad der Adipositas (mit einem BMI zwischen 30 und 34.9) das Sterblichkeitsrisiko ebenso hoch ist wie bei Normgewichtigen. Und die Studienergebnisse besagen ab einem BMI über 35 ein erhöhtes Sterblichkeitsrisiko im Vergleich mit Normgewichtigen.

„Dicke Leben länger, wirklich?", so oder so ähnlich titelten damals auch Zeitungen und Zeitschriften in Deutschland oder Österreich. Kaum zu glauben also: eine Studie,

die Übergewicht nicht als todbringendes Problem skizzierte. War die Autorin etwa fettpositiv (und dadurch anscheinend nicht objektiv genug)? Mitnichten, Dr. Flegal arbeitete zum damaligen Zeitpunkt schon viele Jahre im Bereich der Adipositas-Forschung. Das Ziel der Studie aus dem Jahr 2013 war auch keine Relativierung von Übergewicht und Adipositas, es war ein ganz emotionsloser, objektiver, **wissenschaftlicher Vergleich**.

Es sollte nichts relativiert oder heruntergespielt werden. Die **Ergebnisse, die das Bild der „Epidemie" geraderückten** und auch zeigten, dass der Blick auf Mehrgewicht sehr viel differenzierter sein sollte, lösten eine Welle an Empörung aus. Medien überschlugen sich international mit der Berichterstattung. Mediziner:innen meldeten sich und zweifelten an den Resultaten. In den USA wurde sogar eine Konferenz organisiert, um die Studie zu diskutieren. Das Ergebnis: Die Resultate können nicht stimmen, man dürfe die Gefahr der sogenannten Adipositas-Epidemie nicht relativieren.

Das wirkt ganz so, also ob es nicht sein dürfte, dass solche Ergebnisse überhaupt zu finden sind. Seither wird über die Studie diskutiert. Nach wie vor werden die Ergebnisse angezweifelt, relativiert und zu widerlegen versucht. Nicht unumstritten also. Doch der Diskurs rund um die Studie zeigt, wie „schockierend" es für viele wäre, wenn das Bild von Mehrgewicht sich verändern würde.

Die Stigmatisierung ist lange eingeübt

Über Jahrzehnte und seit vielen Generationen haben sich die Vorurteile festgesetzt. Oftmals so alltäglich, dass uns nicht auffällt, dass wir Vorurteile haben, geschweige denn, dass wir sie weitergeben. Als dicke Frau kann ich sagen, dass ich selbst meinem Körper gegenüber Vorurteile habe, die mich durchaus beruflich und privat schon behindert haben. Ob es das Ansprechen eines Menschen ist, der mir gefallen hat und den ich eben nicht um ein Date gebeten habe, oder auch das Vortragen vor einer großen Gruppe von Menschen und das berufliche Anstreben einer Spitzenposition, das ich mir versagt habe. Eine dicke Frau hat einfach keinen Erfolg, ihr Körper steht ihr immer im Weg – das sind Glaubenssätze, die ich schon sehr früh gelernt habe.

Die Gesellschaft, der öffentliche Blick und der Umgang mit Mehrgewicht zeigen nämlich nach wie vor sehr deutlich, welchen Stellenwert dicke Menschen haben – und das, obwohl es immer mehr Dicke gibt. Eine lange Zeit über, wurde von „Übergewichtigen" als Minderheit gesprochen, doch von Minderheit kann keine Rede sein. Dennoch verändert sich das Verhalten von Gesellschaft, Wirtschaft, Politik oder auch Medizin gegenüber Mehrgewichtigen nicht. Interessant ist das vor allem auch in Hinblick auf die Wirtschaft. Denn der dicke Konsument wird nur von einem Wirtschaftszweig wirklich angesprochen: der Diätindustrie. Ein Zweig mit Milliardenumsätzen, der von Abnehmprodukten bis hin zu Medikamenten, Lebensmittelprodukten, Büchern und vielem mehr fette Gewinne schreibt.

Abseits dieser Industrie wird die Zielgruppe „Plus Size", also Menschen, die nicht in den Bereich der Gewichtsnorm fallen – und das betrifft viele –, bis dato geradezu sträflich vernachlässigt.

Vor einigen Jahren kam ich in einem Gespräch mit der Chefredakteurin eines Magazins darauf zu sprechen, dass auf den Covern, wenn überhaupt Plus-Size-Models gezeigt werden, meist nur Frauen zu sehen sind, die maximal eine Kleidergröße 44 oder 46 tragen. Darüber hinaus wird Mehrgewicht nicht gezeigt. Auf meine Frage hin, warum denn das so sei, erklärte die Chefredakteurin mir, dass man hier sehr vorsichtig sein müsse: Denn zeige man „zu dicke" Menschen auf dem Cover, könne es schnell passieren, dass Anzeigenkundschaft dagegen aufbegehrt oder auch Werbekundschaft abspringt. So schlecht ist es um das Image dicker Menschen bestellt und dieser Blick prägt den Umgang mit Plus-Size-Kundschaft.

Dabei gäbe es hier ausreichend Potenzial. In einem Artikel für das Zeit Magazin vom November 2023 beschreibt es die Journalistin Laura Binder sehr passend:

> **„In einer Gesellschaft, die immer dicker wird, wachsen die Gegenstände einfach nicht mit. Fahrstühle rechnen weiter mit 80 Kilogramm pro Person, Kleidung hört bei vielen Marken schon bei L auf, Plus Size wird gesondert geführt, Stühle sind auf Zentimeter Breite normiert. Als ich mir einen Heimtrainer, ein Fahrrad, kaufen wollte, fand ich in meiner Preisklasse nur ein Modell mit einer Zulassung für über 100 Kilogramm. Einen Stuhl zu kaufen, der mich trägt, war ähnlich kompliziert."**[30]

Mehrgewichtige Menschen als Kundschaft – anscheinend für viele undenkbar und doch Realität. Fettphobie und Dickenfeindlichkeit sitzen tief, dicke Kundschaft ist auch immer eine **Imagefrage**. Will man als Unternehmen mit Dicksein in Verbindung gebracht werden?

Im Bereich der Mode spielt Mehrgewicht eine große Rolle, der Begriff „Plus Size" kommt nicht umsonst aus der Modewelt. International sind Hunderte Millionen US-Dollar Umsatz im Jahr im Spiel, und doch gibt es seit Jahren einen Rückgang im Angebot. Ein Teil des Problems: Dicke Kund:innen sind eine Zielgruppe, die sich selbst als solche noch nicht wirklich erkannt hat. Das durchwegs negativ gezeichnete Bild dicker Körper, ein stark medikalisierter Diskurs, der nicht existierende Dialog über die Gesundheit Mehrgewichtiger, all das führt zu einer Situation, in der meines Erachtens eine der größten Hürden schon die Ansprache der Plus-Size-Kundschaft selbst ist.

Möchte ein Unternehmen die Zielgruppe ansprechen, ist ein grundlegendes Verständnis der Kundschaft wesentlich und das fängt bereits bei der Sprache an. Wie spreche ich dicke Menschen an? Welche Worte verwende ich als Unternehmen, um dicke Körper zu beschreiben? Alle Beschreibungen des Dickseins, die nicht auf das Problem „dicker Mensch" hindeuten, die nicht auf negative gesundheitliche Aspekte hinweisen, werden öffentlich stark kritisiert – hier beginnt die Schwierigkeit nicht nur der Modebranche:

Ein positiver Zusammenhang darf also gar nicht erst geschaffen werden, denn sonst würden sich Mehrgewichtige ja in der falschen Hoffnung wähnen, dass sie gar kein Problem haben.

Als ob dicke Menschen einfach so vergessen würden, dass sie mehrgewichtig sind. Apropos Mehrgewicht …

DISKRIMINIERUNG IN ARBEIT, MODE, MEDIZIN UND IHRE FOLGEN

Nehmen Sie ab, dann haben Sie keine Probleme mehr. Was passiert aber, bis man schlank(er) ist? In der Zeit, in der man abnimmt: Gehen die Probleme da auch schon weg, oder erst, wenn ich das sogenannte Idealgewicht erreicht habe? Und was, wenn ich nicht abnehmen möchte, aber trotzdem ein gutes Leben führen möchte? Gibt es keine Möglichkeit der Therapie, der Bewegung, der Unterstützung, der Hilfe, damit es mir besser geht? Was, wenn es mir gut geht und alles ok ist, ich mich aber permanent Vorurteilen ausgesetzt sehe, die es mir in Arbeit, Medizin oder auch anderen Lebensbereichen schwer machen?

Ist das gewichtszentrierte Denken in der Medizin wirklich die Lösung für die lautstark diskutierte „Adipositas-Epidemie"? Beschäftigen wir uns, wenn es um Mehrgewicht geht, wirklich grundlegend mit der Thematik? Hinterfragen System, Industrien und Vorurteile, werfen einen Blick auf Ausstattung, Sitzmöglichkeiten und Sprachgebraucht? Oder konzentrieren wir uns „einfach" auf den Gewichtsverlust als „Ultima Ratio"?

Viele Fragen, gehen wir diesen auf den Grund und werfen einen Blick auf verschiedene Bereiche, in denen Diskriminierung aufgrund des Körpergewichts eine Rolle spielt. Wie sehen Diskriminierungserfahrungen aus und welche Konsequenzen hat das diskriminierende Verhalten nicht nur für Mehrgewichtige, sondern auch für die Gesellschaft und Wirtschaft?

Arbeit – dick, dumm und arbeitslos?

Dick ist gleich dumm, faul, schlecht bezahlt. Ein Blick hinter diese Klischees lohnt sich. Und in die Statistiken, um näher an die Wahrheit dranzukommen. Vor allem auch, was den Unterschied zwischen Frauen und Männern betrifft. Denn Studien der letzten Jahrzehnte zeigen einen großen Unterschied nach Geschlecht (dabei wird in Studien bis dato binär gedacht) in der Behandlung und Bezahlung dicker Menschen am Arbeitsplatz.

> **„Einen ganz konkreten Fall von Diskriminierung erlebte ich vor ca. 10, 11 Jahren. Ich habe mich damals in einer Galerie als PR-Assistentin vorgestellt. Als erstes wurde ich von oben bis unten gemustert und noch bevor ich mich hingesetzt habe, wurde ich gefragt, wie oft ich denn Sport machen würde. Als nächstes sollte meine Mutter nicht so gut und viel kochen, und noch ein paar weitere Spitzen, an die ich mich nicht mehr genau erinnern kann. Ich habe mich wirklich unwohl gefühlt und war froh, als es denn endlich vorbei war. Gott sei Dank hat sich die besagte Galerie niemals mehr bei mir gemeldet. Hätte mich ehrlich gesagt gewundert."[31]**

Dicke Menschen haben Nachteile im Job. Dies zeigt unter anderem eine Studie der Universität Tübingen aus dem Jahr 2012[32], die auch im Journal BMC Public Health veröffentlicht wurde. Diese kommt zu dem Ergebnis, dass Personaler:innen dickeren Menschen fast nie einen Job mit hohem Prestige zutrauen. Für die Position als Abteilungsleiter:in wurden sie ebenfalls selten ausgewählt. Besonders betroffen von gewichtsbezogenen Vorurteilen waren laut den Studienergebnissen Frauen. 98 Prozent der Personaler:innen können sich demnach Hochgewichtige nicht als Führungskraft vorstellen, unabhängig von Qualifikation und Erfahrung. Der Studienleiter Prof. Ansgar Thiel fasste ein zentrales Ergebnis der Studie wie folgt zusammen:

> **„Nur zwei Prozent der befragten Personaler ordneten den auf den Bildern abgebildeten adipösen Frauen einen Beruf mit hohem Prestige zu. Und gerade mal ungefähr sechs Prozent der Befragten traute ihnen zu, bei einer Bewerbung um eine Abteilungsleiterstelle in die engere Auswahl gekommen zu sein."[33]**

Vor allem dicke Frauen haben laut Studienlage unter der Bewertung des Aussehens bei Vorstellungsgesprächen zu leiden. Dass der kritische Blick auf Körper vor allem Frauen belastet, ist nicht neu. Dass es mehrgewichtigen Frauen erst recht so ergeht, liegt nahe.

Aussehen vor Qualifikation

Studien zur Diskriminierung Mehrgewichtiger am Arbeitsplatz zeigen auch deutlich ein Ungleichgewicht bei der Behandlung dicker Frauen und der dicker Männer. So sind Frauen vom diskriminierenden Blick auf ihr Äußeres am häufigsten betroffen. Dieses Ergebnis zeigt auch ein Experiment der FH Burgenland. Dabei hat eine Studentin in ihrer Masterarbeit untersucht, wie unterschiedlich Menschen (in diesem Fall haben die Proband:innen die Rolle von Personalvermittler:innen übernommen) auf potenzielle Job-Bewerber:innen reagieren. Der Clou dabei: Ein Teil der Teilnehmenden bekam ein CV mit einem Foto von einem schlanken Mann oder einer schlanken Frau und die andere Hälfte bekam die exakt gleichen Lebensläufe, aber mit Fotos von mehrgewichtigen Frauen und Männern. Mittels Emotionsmessung und Eye-Tracking wurde dann eruiert, wie die „Personalvermittler:innen" auf die Lebensläufe reagieren. Die Ergebnisse, zusammengefasst von Vedrana Vasicek, Studienautorin und Absolventin der FH Burgenland:

> **„Grundsätzlich konnte ich beobachten, dass der Anblick von Bewerberinnen grundsätzlich mehr Emotionen bei den Personalverantwortlichen auslöst, (sic!) als der Anblick von Bewerbern. Die negativsten Gesichtsausdrücke rief dabei die übergewichtige fiktive Bewerberin hervor. Bei den Männern war es so, dass der übergewichtige Mann sogar besser beurteilt wurde, als der normalgewichtige."**[34]

Der sogenannte „**Anti-Fat-Bias**", also der durch Vorurteile getrübte Blick auf Mehrgewichtige, spielt in der Arbeitswelt eine große Rolle. Dicke Menschen werden demnach als faul und dumm gesehen. Sie legen keinen Wert auf ihr Aussehen, liefern keine Leistung ab, sind nicht repräsentabel. Das sind gängige Klischees.

All diese Vorurteile wiegen oft schwer. Als wäre man bei einem Vorstellungsgespräch nicht schon nervös genug, kommt dann auch noch die Unsicherheit über das eigene Aussehen dazu. Zu „Was ziehe ich an, wie wirke ich professionell?", kommt dann oft noch „Wie wirkt mein Körper nicht so dick, wie schaue ich schlanker aus?", ich kenne das von mir selbst. Diese über viele Jahre angelernten Unsicherheiten lassen sich auch nicht so einfach zur Seite schieben und behindern dadurch das berufliche Fortkommen.

In Österreich sind dokumentierte Fälle von Gewichtsdiskriminierung im Rahmen von Bewerbungsprozessen allgemein noch schwer zu finden. Wenige dicke Menschen melden sich bei Behörden und offiziellen Stellen, um sich über diskriminierende Erfahrungen zu beschweren. Durch Recherche bin ich auf einige Fälle in der Steiermark gestoßen, die Antidiskriminierungsstelle dort hat diese aufgezeichnet und auch bereits öffentlich gemacht, weshalb ich bei den Expert:innen nachgefragt habe, wie sich ihrer Erfahrung nach Gewichtsdiskriminierung auf Arbeiternehmer:innen auswirkt:

> **„Das Bewerbungsgespräch stellt schon die erste Hürde dar, da die Diskriminierung aufgrund des Gewichtes Attribute wie faul, nicht diszipliniert, nicht ausdauernd eine Rolle spielen und zum Ausschluss."[35]**

Dass der Bewerbungsprozess für Mehrgewichtige eine besondere Hürde ist, belegen trotz der lückenhaften Dokumentationslage einige Beispiele. So ging vor einiger Zeit der Fall einer Rechtsanwältin durch die Medien, der deutlich zeigt, wie hinderlich Mehrgewicht beim Einstellungsprozess sein kann. Die Anwältin, top qualifiziert, mit einem hervorragenden Notenschnitt, verschickte ihren Erzählungen nach 120 Bewerbungen mit Foto. Worauf sie keinerlei Antworten erhielt. Zeitgleich hatte die deutsche Arbeitsagentur ihr Portfolio ohne Bild versendet, sofort kamen zahlreiche Rückmeldungen. Die Agentur übermittelte daraufhin den Lebenslauf der engagierten Rechtsanwältin inklusive Foto an die Interessierten. Weitere Rückmeldungen blieben aus. Was auf dem Foto zu sehen war? Das Doppelkinn und die breiten Schultern der Bewerberin. Sie sagt wörtlich: „Man sieht, dass ich dick bin."[36]

Gewichtsdiskriminierung macht also vor niemandem halt, auch nicht vor hoch gebildeten Menschen. „Ihr Fall zeigt, dass selbst eine weiße Cis-Frau aus der Mehrheitsgesellschaft mit einem hohen Maß an formaler Bildung, in einer privilegierten gesellschaftlichen Stellung und einem angesehenen Beruf mit hohem Einkommen nicht vor Diskriminierung gefeit ist."[37]

Das möchte ich an dieser Stelle deutlich betonen: Gewichtsdiskriminierung betrifft uns alle! Hier ist kein mehrgewichtiger

Mensch ausgenommen. Dazu kommen oft noch weitere Faktoren, die das Ausmaß der Diskriminierungserfahrung bestimmen. Der Bildungsgrad spielt dabei ebenso eine Rolle wie ethnische Herkunft oder auch Geschlecht. Fakt bleibt aber, dass der Bewerbungsprozess für Mehrgewichtige seltener fair und ihren Qualifikationen entsprechend abläuft als für Normalgewichtige.

Von der Antidiskriminierungsstelle in der Steiermark bekomme ich weitere Beispiele dafür, dass verschiedenste Berufsgruppen und Menschen jeden Alters Gewichtsdiskriminierung bei der Jobsuche – und darüber hinaus – erfahren.

> **„Eine Bewerberin wird in einem Unterwäschegeschäft mit den Worten ‚Wir nehmen nur Frauen mit maximal Kleidergröße 38' abgewiesen, einem Lehrling wird von der Dienstgeberin empfohlen, sie möge abnehmen, und der Kundin eines Rehabilitationszentrums wird eine Gewichtsreduktion für den Fall nahegelegt, dass sie noch einmal eine Kur in diesem Rehabilitationszentrum machen wolle."**[38]

Diskriminierung aufgrund des Körpergewichts macht nicht beim Einstellungsprozess halt, sondern spielt auch am Arbeitsplatz eine gewichtige Rolle. So ist leider Mobbing für Mehrgewichtige in der Arbeit ein Thema. Bodyshaming, das Beschämen des Körpers, das Auslachen, ganz ungenierte Bemerkungen vor Kolleg:innen über die körperliche Verfassung und das Aussehen von dicken Mitarbeitenden gehören hier erwähnt. Die tägliche Konfrontation mit derlei unangebrachter Kritik hat Folgen, der Leidensdruck ist dabei oft groß.

Gewichtsdiskriminierung am Arbeitsplatz hat massive Auswirkungen auf unsere psychische und physische Gesundheit und dadurch auch auf unsere Produktivität.

Ob Unsicherheit bei Vorträgen und Präsentationen, das Unvermögen aufgrund von Unsicherheit über den eigenen Körper, für seine Interessen einzutreten (z.B. bei Gehaltsverhandlungen) oder auch mangelnde Aufstiegsmöglichkeiten in Unternehmen – Gewichtsdiskriminierung und Bodyshaming können Karrierechancen vermindern. Seit über zehn Jahren arbeite ich mit dicken Menschen und für dicke Menschen und in dieser Zeit sind mir viele Frauen begegnet, die aufgrund ihrer körperlichen Unsicherheit auf Chancen im Beruf verzichtet haben, oft unbewusst. Sich nicht für eine höhere Position zu bewerben, weil man das Gefühl hat, körperlich unzulänglich zu sein, oder auch gute Arbeitsergebnisse nicht persönlich zu präsentieren und sich somit Lob und Anerkennung für die eigene Arbeit nicht abzuholen. Es gibt leider viele Beispiele. Das eigene Potenzial kann so nicht ausgeschöpft werden, weil man immer im Schatten bleibt. Bloß nicht auffallen, nicht einmal im positiven Sinne. Diese eigenen Unsicherheiten gepaart mit dem vorurteilsbeladenen Blick von Arbeitgeber:innen kann auch finanzielle Konsequenzen mit sich bringen.

Hierzu findet man vor allem Studien[39] aus den USA, die sich damit beschäftigen, dass besonders dicke Frauen weniger verdienen als schlanke weibliche Mitarbeiterinnen. Sehr deutlich wird dies in Berufen, die ein hohes Maß an Kundenkontakt verlangen. Dabei zeigt sich auch, dass vor allem als „adipös" eingestufte Frauen, die öffentlich sprechen und Kundenkontakt haben, signifikant weniger verdienen. Hier spielt ihre Qualifikation keine Rolle. Die Bezahlung wird durch das Aussehen bestimmt! Es wurde bereits wissenschaftlich belegt, dass mit steigendem BMI der Stundenlohn von Frauen um bis zu 1,83 Prozent pro BMI-Punkt sinkt.[40] Während im öffentlichen Diskurs oft nur darüber gesprochen wird, dass Mehrgewichtige in Berufen mit niedrigem Einkommen arbeiten, wird nicht darauf hingewiesen, dass **dicke Menschen nur aufgrund ihres Gewichts weniger verdienen** können. Qualifikationsunabhängig!

Durch vorurteilsfreie Blicke auf mehrgewichtige Bewerber:innen und Mitarbeiter:innen ließe sich ein sinnvolleres Arbeitsumfeld schaffen: der Qualifikation entsprechende Jobs, bessere Aufstiegsmöglichkeiten, Entfaltungsmöglichkeiten des eigenen Potenzials, ein guter Umgang unter Mitarbeitenden, Vorgesetzte, die den Blick nicht auf die Figur, sondern auf die Leistung lenken. Ein Arbeitsumfeld, in dem mehrgewichtige Mitarbeiter:innen nicht anders beurteilt werden als normgewichtige Kolleg:innen. Dies fördert das Wohlbefinden ebenso wie die Leistungsfähigkeit, davon profitieren alle. Doch dazu ist dringend ein Umdenken notwendig. Es braucht ein Bewusstsein der Wirtschaft für die Problematik des Bodyshaming und der Gewichtsdiskriminierung.

Der ökonomische Blick

Betroffene sprechen davon, dass Vorgesetzte ihnen ins Gesicht gesagt haben, dass sie zu fett seien und dass ihr Aussehen ihre Arbeit negativ beeinflussen würde. Bei Beförderungen werden mehrgewichtige Menschen gerne „übersehen". Auch die Kundschaft selbst kann grausam sein. Kritische Blicke, negative Bemerkungen, herablassendes Verhalten, all dies beeinflusst den Selbstwert und das Körpergefühl von Menschen.

Die Unterstellung „dumm, faul, arbeitslos" prägt den Blick auf Mehrgewichtige in der Arbeitswelt. Ihre Arbeitskraft wird niedriger eingestuft als die Normalgewichtiger. Um es noch einmal zu betonen: Das hat NICHTS mit der Qualifikation zu tun. Allerdings mit der Produktivität und dem Einsatz, den Mitarbeitende an den Tag legen können. Denn die so verunsicherten Mehrgewichtigen können ihr volles Potenzial oftmals gar nicht erst zeigen, die Leistung so gar nicht erbringen.

Darüber hinaus hat Gewichtsdiskriminierung am Arbeitsplatz auch Folgen für die Gesundheit dicker Menschen. Das zeigt sich anhand mangelnder Büroausstattung (keine stabilen Sitzmöglichkeiten), anhand des Beschämens des Essverhaltens Mehrgewichtiger in der Mittagspause, oder auch anhand nicht vorhandener Essenspausen. Durch derartigen psychischen Stress hervorgerufene Probleme wirken sich negativ auf die Gesundheit dicker Menschen aus. Was wiederum das staatliche Gesundheitssystem „belastet". Neben der Beeinträchtigung der Gesundheit ist auch soziale Ungerechtigkeit eine Folge der Diskriminierung. Und was übersehen wird: der Wirtschaft entstehen dadurch erhebliche Folgekosten.

Bodyshaming am Arbeitsplatz ist nicht „nur" ein persönliches, individuelles Problem der Mitarbeitenden. Denn die daraus resultierende Unzufriedenheit mit dem eigenen Körper, sowie gesundheitliche Probleme in Folge, verursachen bei Unternehmen und der öffentlichen Hand Kosten.

Die Studienlage zu den Kosten der „Adipositas" und des „Übergewichts" ist umfangreich, während – und auch hier wiederhole ich mich – die Studienlage zu den Kosten der Gewichtsdiskriminierung noch zu wünschen übrig lässt.

Doch genau an dieser Stelle lohnt sich ein Blick auf die bis dato vorliegenden Ergebnisse, wenn es um Unzufriedenheit mit dem eigenen Körper und Diskriminierung aufgrund des Aussehens geht. So kamen Wissenschaftler:innen zu dem Ergebnis, dass im Jahr 2019 **Unzufriedenheit mit dem eigenen Körper finanzielle und wirtschaftliche Kosten in Höhe von 84 Milliarden US-Dollar** verursachte, weiters sind 221 Milliarden US-Dollar an Kosten durch vermindertes Wohlbefinden entstanden.[41] In Europa hat man die Wichtigkeit dieser Untersuchungen noch nicht erkannt, hier ist also ein Zurückgreifen auf Studien aus den USA notwendig.

Anhand dieser Studie lässt sich deutlich erkennen, dass Gewichtsdiskriminierung mit einem erhöhten Risiko für Depressionen, Gewichtszunahme, Angststörungen oder auch Drogenmissbrauch einhergeht. Die Unzufriedenheit mit dem eigenen Körper kann auch zu Essstörungen oder Suizidgedanken führen. Um nur einige Risiken zu nennen.

Fakt ist, nicht nur Adipositas, sondern auch Gewichtsdiskriminierung hat massive ökonomische Auswirkungen. In Europa wird das überwiegend ignoriert, auch in Österreich. Während wir uns vor allem mit den Folgekosten der Adipositas beschäftigen, haben wir viele blinde Flecken, was die finanziellen Folgen der Gewichtsdiskriminierung betrifft. Doch wie soll ein ganzheitliches Bild von der Lebens- und Arbeitssituation Mehrgewichtiger entstehen, wenn nur eine Seite beleuchtet wird? Nachhaltige Ansätze im Umgang mit Mehrgewicht können so nicht gefunden werden. Handlungsbedarf besteht jedoch dringend, um ökonomisch verantwortlich zu handeln, denn Gewichtsdiskriminierung betrifft alle sozialen Schichten und zusätzlich vor allem Frauen – deren finanzielle Lage allein aufgrund ihres Geschlechts schon diskriminierend ist.

Mode – Plus Size: versteckt und verbannt

Wir kennen es alle, dieses eine Kleidungsstück oder dieses Outfit, in dem wir uns einfach gut fühlen. Damit gehen wir glücklich durch den Tag, fühlen uns stark und selbstbewusst. Dadurch entsteht ein Gefühl, als könnte man alles schaffen, zum Beispiel bei einem wichtigen Vorstellungsgespräch glänzen oder eine Präsentation selbstsicherer abhalten zu können. Dadurch wird Kleidung zu mehr als Körperbedeckung. Mode hat einen wichtigen Mehrwert.

Der den Dicken meist verwehrt bleibt.

Während ich mich zu Beginn meiner Arbeit mit und für dicke Menschen vor allem auf den Aspekt des „seht her, dicke Menschen können sich auch gut stylen und tolle Kleidung tragen, traut euch" konzentriert habe, betrachte ich Mode heute auch noch aus einem anderen Blickwinkel. Dem der sozialen Teilhabe.

Denn es spielt eine wichtige Rolle, ob man das passende Kleidungsstück für einen Anlass besitzt, oder sich durch das fehlende passende Kleidungsstück vielleicht gar nicht erst in manche Räume traut.

Sei es das Theater, sei es ein Ball. Das ist weit mehr als eine Frage des sozialen Status, es ist auch eine Frage der Integration, z.B. in ein berufliches Umfeld, und der Sicherheit. Denn fehlt passende Schutzkleidung in der eigenen Größe, kann dies bei entsprechenden Arbeiten gefährlich werden, oder aber dazu führen, dass dicke Menschen den Job gar nicht erst bekommen.

Eine ganz zentrale Frage für dieses Buch im Rahmen des Mode-Kapitels ist ja: Ist es diskriminierend, Kleidung nicht in der passenden Größe zu finden?

Nun, es beschränkt zumindest die soziale und gesellschaftliche Teilhabe und grenzt aus. Vorurteile werden dadurch bestätigt, Selbstwert wird weiter reduziert und es bedeutet immer auch ein Mehr an Aufwand für dicke Menschen. Das Passende zu finden ist eben nicht so schnell erledigt, es braucht viel Zeit und auch Glück. Werden allerdings berufliche Möglichkeiten eingeschränkt, weil z.B. passende Schutzkleidung oder Arbeitskleidung fehlt, würde dies schon eher in den Bereich der Diskriminierung fallen.

Ein Privileg

Die Modeindustrie verhindert diese Teilhabe konsequent durch das eingeschränkte Angebot. Denn vor allem, wer Schickes oder auch Ausgefallenes ab Kleidergröße 48 (deutsche Frauenkonfektion) sucht, hat es oft schwer. Der stationäre Handel ist hier besonders benachteiligend. Spezielle Plus-Size-Boutiquen bieten eine gute Alternative, aber für Abendmode oder auch außergewöhnlichere oder trendige Kleidungsstücke sind Mehrgewichtige meist gezwungen, online zu shoppen. Vor allem auch, wenn es erschwinglicher sein soll.

Mode in „großen Größen" ist ein Thema, das in der Plus-Size-Community dauerhaft diskutiert bleibt. Die problematischen Erfahrungen damit sind ein Parameter dafür, welchen Stellenwert wir in der Gesellschaft haben. Wie es die Schweizer Fettaktivistin Melanie Dellenbach ausdrückt:

> **„Erschwingliche und vielseitige Mode tragen und sich seinem eigenen Geschmack entsprechend stylen zu können, sollte kein Privileg für schlanke Menschen sein."**[42]

Ja, sich passend kleiden zu können, ist ein Privileg. Das merkt man dann, wenn man einmal wieder mit hochrotem Kopf und leicht verschwitzt in einer zu engen Umkleidekabine steht und die Hose einfach nicht zugehen will, obwohl es eigentlich die passende Größe wäre. Oder auch, wenn man mit Freund:innen einkaufen geht, und diese mit Taschen voller neuer Tops, Hosen und Kleider nach Hause gehen, während man selbst einmal wieder nur ein neues Paar Ohrringe erstanden hat, weil es nichts in der eigenen Größe gab. Wie oft habe ich solche Gespräche schon mit dicken Menschen geführt, wie oft dabei festgestellt, dass es uns allen gleich geht. Besonders schwierig wird es, wenn man etwas Anlassbezogenes braucht. Denn Abteilungen, die das ganze Jahr über **Anlassmode für dicke Menschen** bieten, gibt es so einfach für uns nicht. Ob Ball, Hochzeit, Firmung oder auch Office-Weihnachtsparty, die Suche nach dem passenden Outfit gleicht für dicke Menschen der Suche nach dem heiligen Gral.

Wenn wir das gute Stück dann gefunden haben, kaufen wir es besser in achtfacher Ausfertigung, damit wir es ja nicht nocheinmal suchen müssen, falls es kaputt geht oder bleibende Flecken bekommt. Dabei suchen wir schon lange nicht mehr „nur" in Geschäften. Der Onlinehandel mit Plus-Size-Mode boomt in den letzten fünfzehn Jahren nur so.

Oder sollte ich sagen, boomte? Denn die aktuellen Entwicklungen in diesem Bereich geben wieder Anlass zur Sorge. Nachdem der Abbau des Plus-Size-Bereichs im stationären Handel schon vor Jahren begonnen hat, wird es mittlerweile auch online immer enger. Denn nach und nach sinkt das Angebot wieder, verkleinert sich oder ist gar nicht mehr vorhanden. Von Modevielfalt kann da keine Rede mehr sein.

Die brennende Frage, die sich hier stellt, ist, wie kann es sein, dass Angebot und Nachfrage so gar nicht zu einander passen?

Die Datenlage, wenn es um Plus-Size-Mode geht, ist in Europa äußerst dünn. In einer Umfrage der Online-Plattform Wundercurves[43] aus dem Jahr 2018, gaben bei 2000 befragten Frauen 30 Prozent an, dass es für sie unmöglich sei, passende Abendkleidung zu finden. 37 Prozent der Befragten fanden die Suche nach passenden Hosen schwierig. Ein kleiner Ausschnitt eines großen Problems. Denn wenn es immer mehr dicke Menschen gibt, der Plus-Size-Modemarkt immer größere Gewinne meldet, wie ist dann ein Ausgrenzen dicker Menschen gerechtfertigt?

„Kaschieren Sie sich ..." – Die Message der Modewelt

„Kaschieren" ist für mich schon lange ein Unwort. Wohin soll ich mich als Kleidergröße 52/54 denn kaschieren? Wäre eine 50 genehmer? Ich möchte ja keine Illusionen rauben, aber ich wäre dann immer noch fett. Ernsthaft betrachtet, ist das „Kaschieren" ein Verstecken, ein Nicht-auffallen-dürfen, ein Anpassen und Gefälligermachen des dicken Körpers. Gut, viele fühlen sich damit einfach wohler. Vollkommen nachvollziehbar. Denn selbst mit dem größten Selbstbewusstsein ist man es immer wieder leid, ständig aufzufallen und herauszustechen. Mit etwas Distanz betrachtet, geht es hier aber eher um die Forderung nach einem Verstecken. Und schließlich um den Wunsch Mehrgewichtiger, sich zu verstecken. Um all die Angriffe (verbal, körperlich) und all die Blicke nicht immer ertragen zu müssen. Es ist auch ein Kleinmachen; nicht so viel Raum einzunehmen. Denn der dicke Körper fällt auf, schier durch die Größe, und das allerseltenst im positiven Sinne. Möchte man also so wenig wie möglich anecken und auffallen, scheint Kaschieren ein gangbarer Weg zu sein. Das Wort „Kaschieren" begleitet mich seit meiner Jugend und war lange Zeit auch Teil meiner eigenen modischen Philosophie. Aus oben genannten Gründen.

Meine Liebe zur Mode war dabei immer schon da, aber durch die Schwierigkeiten, passende Kleidung zu finden – vor allem im Teenageralter –, wurde sie in den Hintergrund gedrängt. Denn Mode wie sie die Models in Zeitschriften wie Vogue oder auch Instyle trugen, war für mich nicht zu finden. Altersentsprechende Kleidung ebenso wenig. Erst ab Mitte der 1990er-Jahre wurde das allmählich besser. Erste Plus-Size-Abteilungen in beliebten Modeketten und auch wenige Plus-Size-Models öffneten den Weg in die Modewelt.

Ab etwa 2010 entdeckte ich dann nach und nach erste Plus-Size-Influencer:innen, Menschen, die mir zeigten, was zunächst vor allem in den USA und Großbritannien möglich war. Erst nach und nach lieferten Onlineshops auch nach Österreich und damit begann für mich eine ganz neue modische Phase. Die des Ausdrucks meiner eigenen Persönlichkeit. Des Vorzeigens, ganz nach dem Motto „Schaut her, das könnt ihr auch tragen".

Bei meiner Arbeit darf ich immer wieder Menschen kennenlernen, die in der Plus-Size-Modewelt zu Hause sind. So auch das Mutter-Tochter-Duo, das hinter dem Plus-Size-Magazin Plus Perfekt steckt, Christine und Ann-Christin Scharf. Die beiden arbeiten seit vielen Jahren im Plus-Size-Lifestyle- und Modebereich und fassen sehr gut zusammen, worum es bei Mode auch ganz stark geht:

> **„Mode ist Kommunikation. Einerseits nonverbale Kommunikation nach außen als Ausdruck der eigenen Identität, von Status, Zeitgeist und Mitteilung eines**

Gefühls von gesellschaftlicher Zugehörigkeit. So wie beispielsweise das Tragen von Sport-Trikots die Loyalität zu einer bestimmten Mannschaft symbolisiert. Andererseits ermöglicht mir als Träger:in Kleidung das kompromisslose Ausleben meiner Identität. Es macht meine Persönlichkeit sichtbar. Nicht umsonst gibt es den Spruch ‚Kleider machen Leute'. Denn Kleider erzählen anderen, wer wir sind oder zu sein wünschen. Soweit die Theorie. Bei dicken Menschen wird diese ‚Kommunikationsfreiheit' insofern eingeschränkt, weil es viele Trends oder Kleidungsstücke nicht in allen Größen gibt. Das ist ein starker Einschnitt in die persönliche Freiheit. Bezogen auf alltägliche Situationen, wie Bewerbungsgespräche, Sportveranstaltungen oder ähnliches ist das eine starke Einschränkung. Also zusätzlich zum vermeintlichen ‚anders sein' der Körperkontur kommt noch eine ‚anders sein' bei der Kleidung dazu."[44]

300 Milliarden US-Dollar ist der internationale Plus-Size-Frauenmodemarkt laut Zahlen aus den USA etwa wert. Keine kleine Summe – und die Tendenz ist steigend. Es braucht also immer mehr Mode ab Kleidergröße 42, hier beginnt in Deutschland und Österreich Plus Size in der High Street Mode. Ein Paradox, dass dann immer weniger Modeketten Designs in Plus Size anbieten oder diese aus dem Sortiment ihrer Stores nehmen und nur noch online verkaufen.

Argumentiert wird hier oft, dass das Angebot nicht genügend Zuspruch findet, dass es schlicht nicht gekauft wird. Lange konnte ich mir diese Diskrepanz nicht erklären, bis ich mit einem Boutiquenbesitzer gesprochen habe, der davor lange bei einer großen spanischen Modekette gearbeitet hat. Er erklärte mir, dass Plus-Size-Abteilungen gerne versteckt werden, irgendwo im hintersten Winkel oder der obersten Etage, darüber hinaus wird dann im Geschäft nicht ausreichend Werbung dafür gemacht.

Da geht einem ein Licht auf. Addieren wir jetzt noch äußerst unfreundliches Verkaufspersonal dazu, das sich mit Größen nicht auskennt, ergibt das ein noch deutlicheres Bild. Erfahrungsberichte von Plus-Size-Kundschaft wie: „Da sagte die Verkäuferin zu mir ‚na in Ihrer Größe haben wir das sicher nicht'", sind keine Seltenheit. Wer sich nicht willkommen fühlt, kauft auch nicht.

Im Bereich der Plus-Size-Mode für Männer schaut es noch trauriger aus. Das Angebot war nie wirklich vielfältig und es ist bis dato für viele noch schwierig, Passendes zu finden.

Seit dem Ausbruch der Covid-Pandemie wurde es übrigens für dicke Kund:innen zunehmend schwieriger, Plus-Size-Mode zu finden. Es bleibt das Paradoxon: bei steigendem Bedarf!

Plus-Size-Designmode – zwischen Individualität und Unsicherheit

Es gibt einige Designer:innen und kleine Labels, die sich auf Plus-Size-Kundschaft spezialisiert haben. Eine große Herausforderung, der sich Designer:innen gegenüber sehen, ist die Frage der Sichtbarkeit. Neben den großen Modeketten, die sehr bekannt sind und entsprechend Werbung machen können, ist es oft schwer, als kleines Label zu bestehen.

> **„Sagen wir so, es herrscht inzwischen eine Vielfalt in der Szene, aber leider keine Sichtbarkeit. Ich kenne viele spannende Brands, die aber leider unbeachtet sind und nicht gegen den Schweden etc. ankommen"[45],**

sagt Christine Chlench, Gründerin des Labels Chlenchfashion. Nicht nur die Sichtbarkeit ist eine Herausforderung. Entsprechende Designs zu entwickeln, die von der Stange gekauft werden können und nicht immer nach Maß gefertigt werden müssen (ein Plus, das Designer:innen oftmals anbieten können), verlangt auch nach viel Erfahrung und Mut.

Denn was es zu bedenken gilt, ist, dass dicke Körper sehr unterschiedlich sind. „Das eine Dick" gibt es nicht. So kann ein Mensch mit einer Kleidergröße 50 z.B. viel Bauch haben, dafür weniger dicke Oberschenkel, die andere Person dafür wieder weniger Bauch und dicke Oberschenkel – und braucht ebenfalls Kleidergröße 50. Viel Busen, wenig Busen, breite Hüften, schmalere Hüften – eine Kleidergröße eine Vielzahl an Möglichkeiten. Den einen Schnitt zu entwickeln, der adaptiert werden kann, das eine Kleidungsstück, das so vielfältig gestaltet werden kann, dessen Schnitt so gut ist, dass viele Menschen mit den unterschiedlichsten figurtechnischen Bedürfnissen hineinpassen, verlangt viel Wissen. Es wird dabei auch kaum gelingen, allen Bedürfnissen gerecht zu werden.

Doch welche Bedürfnisse haben Plus-Size-Kund:innen eigentlich und wie entwickelt man hier passende Schnitte? Gute Fragen, denn in der Ausbildung hierzulande lernt man das nicht.

Es fehlt schon in Modeschulen das Verständnis dafür, dass es Plus-Size-Kundschaft gibt.

Wenn überhaupt, wird manchmal projektbezogen an Plus-Size-Mode gearbeitet, aber spezielle Kurse und Lehrgänge für das Designen sind dabei nicht vorgesehen. Die Lücke, die zwischen den Bedürfnissen Mehrgewichtiger und dem tatsächlichen Angebot klafft, ist auch hier wieder einmal frappierend. Wenn es um modische Bedürfnisse dicker Menschen geht, dann gibt es allerdings kaum eine bessere Anlaufstelle als Designer:innen, um diesen auch gerecht zu werden. Hier betone ich speziell Plus-Size-Designer:innen, also Menschen, die sich explizit mit dicken Körpern auseinandergesetzt haben und dadurch besser verstehen, welche Bedürfnisse Mehrgewichtige modisch haben.

Seit einiger Zeit schon gibt es die Diskussion, dass alle Designlabels, also auch Modehäuser wie Dior oder Chanel, Plus-Size-Mode fertigen und entsprechend an Plus-Size-Models zeigen sollen. Mehr Repräsentation und Inklusion also auch im Bereich der exklusiven Luxusmode. Diese Rufe werden vereinzelt gehört und dann auch wieder verworfen. Bereits Karl Lagerfeld hatte, trotz seiner öffentlich präsentierten Liebe für die dicke Sängerin Beth Ditto – er schickte sie bei einer seiner Shows in einem speziell für sie kreierten Design über den Laufsteg –, große Probleme mit dem Thema Mehrgewicht. So hat der weltberühmte Designer sich immer wieder äußerst abfallend über dicke Menschen geäußert. Das Loben und Hofieren einer dicken Sängerin ist also nicht gleichbedeutend mit dem Verständnis und der Akzeptanz gegenüber allen dicken Körpern. Auch andere Designer:innen haben in den letzten Jahren immer einmal wieder einige **Plus-Size-Designs auf den Laufstegen** gezeigt. Auch hier wirkte dieses Vorgehen meist nur wie ein **Lippenbekenntnis**. Denn abseits der Laufstege waren diese Plus-Size-Designs nirgends zu sehen, nicht in Werbekampagnen und nicht in Läden. Auch hier sind Bemühungen vor allem seit dem Ausbruch der Corona-Pandemie wieder verebbt bzw. ganz zum Erliegen gekommen. Bei internationalen Runwayshows auf den Fashionweeks von New York bis Mailand gibt es heute kaum noch Plus-Size-Models (hier sprechen wir übrigens von einer Kleidergröße 40/42, denn alles über 36/38 ist in der Luxusmodewelt bereits Plus Size) zu sehen. Teilweise sind sie sogar ganz von den Laufstegen verschwunden.

Tragen dicke Menschen also gar keine Designermode von Marken wie z.B. Chanel? Doch, das tun sie, denn in den Ateliers sieht man immer wieder auch Modelle für Plus-Size-

Kund:innen, es wird nur nicht darüber gesprochen, und gezeigt wird es erst recht nicht. Insofern kann ich auch keine Information darüber geben, um welche Größen es sich dabei handelt.

Fest steht, sehr verbreitet ist das Tragen von High End Designs in der Plus-Size-Community jedoch nicht. Das könnte, denken wir an das vorige Kapitel zum Thema Arbeit, auch an den Preisen der Luxusmarken liegen. Tausende Euro für ein Outfit auszugeben, ist nicht so vielen Menschen möglich. Dicken schon gar nicht. Und wenn, möchte man es vielleicht auch nicht dort ausgeben, wo man nicht wertgeschätzt und gut behandelt wird.

Bei kleineren Labels sind es zwar eher Hunderte Euro, die man für Kleidungsstücke ausgeben kann. Doch auch hier läuft der Absatz manchmal schleppend. Mehrgewichtige Kund:innen investieren oft nicht gerne in Mode, auch wenn sie noch so gut sitzt. Doch woran kann das liegen?

Der Modedesigner Adam Brody lebt und arbeitet vor allem in der Schweiz. Schon viele Jahre lang hat er sich ausschließlich auf Plus-Size-Mode spezialisiert und kennt seine Kund:innen sehr genau. Im Verlauf der letzten fast zehn Jahre haben Adam und ich immer wieder darüber gesprochen, dass Plus-Size-Designer:innen es mit ihrer sehr geschätzten Kundschaft nicht immer leicht haben, dass es viel Durchhaltevermögen braucht, um die Zielgruppe zu erreichen. Dabei spielt **Sichtbarkeit** eine Rolle, aber auch der **Selbstwert**. Was ist mir Mode wert, was bin ich mir selbst wert, das sind Fragen, die sich mehrgewichtige Kund:innen oft bewusst oder unbewusst stellen. Denn viele Kund:innen kommen mit jeder Menge emotionalem Ballast und einem schlechten Körpergefühl in Adams Studio. Er erklärt, dass es viel Zeit und Zuspruch braucht und natürlich auch Geduld, um unsichere Kund:innen zu beraten:

„Zu mir kommen auch Frauen, die ihre Körper nicht mögen. Du kannst noch so schöne Kleidung tragen, wenn du dich selbst nicht magst, dann gefällt dir auch die Kleidung nicht."

Adam kennt die Sorgen und Ängste seiner Kund:innen und ihre Unsicherheit. Er sieht es als wichtige Aufgabe, darauf einzugehen, zu beraten, zu unterstützen. Zu zeigen, wie gut man sich mit jedem Körper kleiden – und fühlen – kann. Allerdings kommt dies im wahrsten Sinne des Wortes zu einem Preis. Denn der individuelle Aufwand jeder Beratung bemisst sich in Zeit. Für einen Unternehmer wie Adam ist Zeit natürlich Geld. So arbeitet man immer in einem Spannungsfeld: dem Willen, Plus-Size-Kund:innen die beste Beratung zu geben, und der Zeit, die kostet.

Eine Frage sei mir an dieser Stelle erlaubt – wie kann es sein, dass wir unser Geld Online-Ketten in den Rachen werfen, die uns als Kundschaft nicht so wertschätzen wie Plus-Size-Designer:innen, die unsere Bedürfnisse viel genauer kennen? Das Geld wäre dort sinnvoller investiert, würde die Nachfrage sichtbarer machen und sinnvolle Jobs finanzieren, die sich mehr etablieren würden. Darüber denke ich jetzt einmal gründlicher nach.

Du musst nicht auf schlanke Zeiten warten, du bist es wert. Christine Chlench hebt hervor, wie wichtig das Bestärken des Selbstbewusstseins ihrer Kundschaft ist, und formuliert es so:

„Ich werde nicht müde zu betonen, dass Du jetzt wertvoll und genug bist. Dass du nicht auf ‚bessere', sprich schlankere, Zeiten warten muss."

Ein Mantra, das sich durch viele Gespräche zieht, die ich führe: mit Designer:innen, die bei ihrer Arbeit auch immer wieder mit der Unsicherheit ihrer Kundschaft konfrontiert sind, und dicken Menschen, die viel zu lange gehört haben, dass ihre Körper falsch sind. Dass man mit einem dicken Körper keine Freude an Mode haben kann. Dieser Kreislauf der sich reproduzierenden Unsichtbarkeiten und Unsicherheiten macht mich wütend, zeigt er doch einmal mehr, in wie viele Lebensbereiche Gewichtsdiskriminierung einwirkt.

„Do it yourself“: Ein nicht selten gewählter Lösungsweg in dieser Problematik, der hier noch erwähnt werden soll, ist übrigens, selbst zu designen. Nicht wenige Menschen, die nicht in gängige Normgrößen passen, nähen selbst. Auch ein nachhaltigerer Weg, um Plus-Size-Mode zu tragen. Denn das ist die Plus-Size-Modewelt nur in Ausnahmen und diese sind meist schwer zu finden. Wenn nachhaltig, dann produzieren Unternehmen oft nur bis zu einer gewissen Größe. Meist um die deutsche Frauenkonfektion 52/54 herum. Doch was ist mit Menschen, die größere Kleidung benötigen? Sind wir alle einfach nur Umweltsünder:innen und denken über unseren Konsum nicht nach? Wieso muss ich ein Kleidungsstück oft in mehreren Größen bestellen und wie sieht es eigentlich mit Plus-Size-Designermode aus?

Die Sache mit der Nachhaltigkeit

Ohne kurz über Nachhaltigkeit zu sprechen, kann ich dieses Kapitel nicht beenden. Denn es ist ein wichtiges Thema und, wenn es um Plus Size geht, auch ein besonders schwieriges. Denn oftmals stehen wir als Plus-Size-Kundschaft vor einem Dilemma: die Wahl zwischen dem passenden Kleidungsstück und dem nachhaltigen. Dass ein endlich gefundenes, passendes Teil von einem nachhaltigen Label stammt, ist der seltenste Fall. Und nachhaltig produzierte Plus-Size-Kleidung, in größeren Größen als die üblichen der meisten Labels, ist meist noch teurer als nachhaltige Kleidung in den herkömmlich angebotenen Konfektionsgrößen.

Auch bei Plus-Size-Mode stellt sich die Frage, wie viel brauchen wir wirklich? Eine für mich persönlich nicht immer ganz so einfach zu beantwortende Frage. Nun verfüge ich – auch durch meine Arbeit bedingt – über einen gut gefüllten Kleiderschrank. Das gilt nicht für jede mehrgewichtige Person. Spannende, vielfältige Mode hat lange schlichtweg ganz gefehlt. So fühlt sich das Shoppen von abwechslungsreicherer (oftmals Fast Fashion) Plus-Size-Mode für manche wie ein „Nachholen“ an. Ein Nachholen von modisch positiven Erfahrungen. Endlich zu finden, was man sucht, in der passenden Größe und mal nicht nur in zwei Farben, das ist ein Gefühl, das ich Menschen, die sich in ihrer Größe immer kaufen konnten, was sie wollten, nur schwer begreifbar machen kann.

Im Bereich der nachhaltig produzierten Plus-Size-Mode bleibt da noch viel Luft nach oben. Denn es fehlt an Optionen. Sowohl, was die Vielfalt an nachhaltig produzierter Mode, als auch die Größenvielfalt betrifft.

Angebot und Nachfrage treffen sich hier nicht. Meist sind es kleine und nicht so bekannte Labels, die nachhaltige Mode anbieten, dadurch ist die Größenvielfalt begrenzt: Denn große Lagerbestände in diversesten Kleidergrößen können sich diese Labels oftmals nicht leisten. Dass nicht mehr Angebot besteht, liegt oft daran, dass die Nachfrage „fehlt“. Wird zu wenig nachgefragt, wird nicht entsprechend produziert. Die Nachfrage besteht allerdings, nur treffen sich hier Anbieter:innen und Kund:innen zu wenig. Neue Labels bleiben einem Großteil ihrer potentiellen Zielgruppe verborgen. Zu wenig ist bekannt, ob und welche Labels es hier gibt.

Hier könnten Plus-Size-Influencer:innen eine wichtige Rolle spielen. Denn diese verbreiten die „gute modische Nachricht" oft schnell und erreichen ein Millionenpublikum.

Momentan ist hier noch viel Arbeit zu tun. Sichtbarkeit, Größenvielfalt, das Kennenlernen der Plus-Size-Kundschaft und ihrer Bedürfnisse und unterschiedlichsten Körperformen, oder auch das Bewusstsein der Plus-Size-Kund:innen selbst, hier nachhaltiger einzukaufen – all diese Dinge entscheiden, wie nachhaltig Plus-Size-Mode sein kann.

Medizin – Vorurteile, Ekel und schlechte Behandlung

Sprechen wir im Zusammenhang mit Mehrgewicht von Medizin, dann wird es schnell sehr zahlenlastig. BMI, Kilogramm, Zuckerwerte, Cholesterin und vieles mehr. Wir sprechen über den Metabolismus und wie er bei dicken Menschen nicht richtig funktioniert. Der dicke Mensch ist ein einziges medizinisches Problem. Ich bin keine Medizinerin und führe deshalb auch keine Debatten über Cholesterinwerte und ähnliches. Worüber ich an dieser Stelle sprechen möchte, ist der dicke Mensch im medizinischen System.

Was das bedeutet? Wie behandeln wir Mehrgewichtige, wie gehen medizinische Institutionen mit dicken Menschen um, welche Auswirkungen hat das für Dicke? Wie kann dieser vorurteilsbeladene medizinische Blick dicken Menschen und ihrer Gesundheit schaden? Darüber wird kaum gesprochen. Für viele scheint das belanglos zu sein. Denn das Problem des dicken Menschen ist einzig sein Gewicht. Doch die Frage nach der Stigmatisierung Mehrgewichtiger im medizinischen System ist alles andere als belanglos, denn die Stigmatisierung selbst kann – wie schon zuvor erwähnt – gesundheitlich höchst problematisch sein.

Wenn wir über die Gesundheit Mehrgewichtiger debattieren und uns dabei das Wohlbefinden dicker Menschen wirklich am Herzen liegt, müssen wir uns mit Fragen nach dem Umgang mit dicken Menschen in der Medizin auseinandersetzen. Denn schlechte Behandlung, medizinische Fachkräfte, die dicken Patient:innen weniger Zeit und Einsatz widmen, oder auch schlechtes medizinisches Equipment sind ein Hindernis für das Wohlergehen dicker Menschen. Unangemessene Sprache, falsche Diagnosen, die daraus resultierenden Unsicherheiten und die schlechten Erfahrungen von Mehrgewichtigen, haben Konsequenzen. Wie das folgende Kapitel zeigt.

„Ich habe Angst davor, zum Hausarzt zu gehen, er sagt mir ja doch nur, dass ich zu fett bin", „Ich hatte Halsschmerzen und bin zur Ärztin gegangen, sie hat mir empfohlen, abzunehmen", „Ich habe seit Monaten Schmerzen im Unterleib, der Arzt im Krankenhaus meinte, ich soll weniger essen, dann ist das kein Problem mehr. Letzte Woche war ich wieder dort, sie haben festgestellt, dass ich Darmkrebs habe", so oder so ähnlich klingen Berichte von mehrgewichtigen Menschen, wenn sie über ihre Erfahrungen im medizinischen Umfeld sprechen.

Studien zeigen, dass dicke Menschen, wenn überhaupt, erst spät medizinische Hilfe suchen. Manchmal so spät, dass bereits Krankheiten entstanden sind. Wo bleibt da die Möglichkeit der Prävention? Wie soll ein System, das Mehrgewicht mit so vielen Vorurteilen gegenübertritt, dass Gesundheit derartig an das Gewicht koppelt, dafür sorgen, dass es dicken Menschen gut geht?

Mehrgewichtige Menschen unterliegen einem medizinischen Fat Bias:

> **„Dieser Bias führt zu einem laxen und unkritischen Umgang mit methodischen Fragen im Zusammenhang mit Hochgewicht. Beispielsweise werden in medizinischen Studien zu den Risiken von Hoch-**

gewicht oft a) Korrelation und Kausalität verwechselt, b) Studienteilnehmende in zu große BMI-Gruppen eingeteilt, c) Gruppen verglichen, die nicht vergleichbar sind, d) spezifische gesundheitliche Erfahrungen, die fast ausschließlich Hochgewichtige machen (z.B. starke Gewichtsschwankungen), und weitere statistische Gemeinsamkeiten von Hochgewichtigen, die für bestimmte Ergebnisse verantwortlich sein könnten, in ihren Auswirkungen ignoriert."[46]

An dieser Stelle möchte ich keine Debatte über gesund vs. ungesund führen. Vielmehr möchte ich aufzeigen, wozu es führen kann, wenn die Medizin Mehrgewichtigen gegenüber mit Vorurteilen auftritt, und warum Zugänge wie „einzig Gewichtsverlust kann Gesundheit bringen" verkürzt sind. So steigt auf beiden Seiten, auf der Seite der Patient:innen, wie auch auf der Seite des medizinischen Fachpersonals die Frustration und das Unverständnis für einander. Ein guter Weg, der eine Zusammenarbeit ermöglicht, ist so aktuell nicht gegeben. Doch es könnte anders sein.

„Nehmen Sie ab", ist oft die erste Reaktion von medizinischer Seite, wenn es um dicke Patient:innen geht. Erfahrungsberichte und wissenschaftliche Untersuchungen zeigen, dass dabei eine gehörige Portion an Gewichtsstigma mitspielt. Mediziner:innen gaben sogar an, sich vor ihren mehrgewichtigen Patient:innen so sehr zu ekeln, dass sie sie nicht anfassen wollten. Als ich dies das erste Mal gelesen habe, war ich perplex. Ekel ist eine heftige Reaktion. Doch seitdem wurde dieser Aspekt durch viele Studien bestätigt. Zuletzt in einer Studie über Maßnahmen zur Verringerung der Stigmatisierung von Personen mit Übergewicht oder Adipositas im Gesundheitssektor des Austrian Institute for Health Technology Assessment (AIHTA) im Auftrag des Gesundheitsministeriums.[47]

Diskriminierung in Arbeit, Mode, Medizin und ihre Folgen

„Gewichtsreduktion ist notwendig", wird als erste Maßnahme beschlossen, sobald dicke Menschen im medizinischen Kontext behandelt werden sollen. Der erste Schritt ist dabei meist eine Kalorienreduktion, weniger Energie zuführen, kleinere Portionen, auf Kohlenhydrate so gut wie möglich verzichten. Das wäre die klassische Diät. Doch diese funktioniert in den seltensten Fällen und wenn, oft nicht nachhaltig. Ein kurzes Erfolgserlebnis wird, so belegt es auch die Wissenschaft, meist von einer erneuten Gewichtszunahme, auch über das ehemalige Ausgangsgewicht hinaus, gekrönt. Dann wieder in die Ordination zu gehen, macht natürlich keine Freude.

Mehrgewichtige Patient:innen leiden unter Gewichtsdiskriminierung und reagieren mit Angst und Ablehnung, während das medizinische Fachpersonal frustriert scheint, weil eine Diät einmal mehr nicht funktioniert hat und die Patient:innen langfristig kein Gewicht verloren haben. Auf beiden Seiten steigt so die Frustration:

> **„Das Scheitern der Behandlung ist eine unübersehbare berufliche Niederlage. Und: Dieser scheinbar uneinsichtige Patient ist nicht der einzige. Bei allen anderen starkgewichtigen Patienten sieht die Situation ähnlich aus. Über kurz oder lang bleiben sie trotz aller ärztlichen Bemühungen dick oder werden sogar dicker. Mittlerweile ertappt sich unser Arzt dabei, wie der gedanklich auch füllige Patienten, die er noch nicht näher kennt, spontan als wenig zuverlässige, charakterschwache Menschen einstuft."[48]**

Diäten fußen auf dem Prinzip: Du isst zu viel und vor allem das Falsche. Ernährung umstellen, Portionen reduzieren, das klassische und vielen Leidensgenoss:innen bekannte „FDH" (Friss die Hälfte), wie es landläufig heißt. Dabei greift so manch dicker Mensch auch auf Diätpräparate zurück, die schnellen Erfolg versprechen. Auch dieser Erfolg stellt sich allerdings meist nicht ein. Denn, wie wir mittlerweile wissen, so einfach ist es nicht. Die Gründe für Mehrgewicht sind vielfältig: genetische Veranlagung, Stress, Erkrankungen, die zur Gewichtszunahme führen.

Health at Every Size und gewichtsneutrales Denken

Dass die Gründe für Hochgewicht vielfältig sind, wird mittlerweile öffentlich häufiger besprochen und findet auch im medizinischen Bereich Eingang in die Diskussion. Dabei gilt der Fokus auf **gewichtszentriertes Denken**, gekennzeichnet durch den BMI und die Gewichtsreduktion, aktuell noch als einziges Mittel zur Gesundheitsförderung. Doch ob der BMI ein probates Mittel ist, um festzustellen, wie gesund ein Mensch ist, wird mittlerweile auch in Fachkreisen kritisch diskutiert. Ursprünglich kam der BMI in der Versicherungsbranche zur Verwendung, wenn ermitteln werden sollte, ob das Versichern einer Person ein Risiko für das Unternehmen darstellte. Der BMI sagt allerdings nichts über beispielsweise das Verhältnis von Fett und Muskelmasse im Körper aus. Darüber hinaus ist schlicht die Angabe des BMI oft schon Grund für Stigmatisierung. Als würde ein Blick auf den BMI eines dicken Menschen schon reichen, um ihn in die Kategorie „gesund" oder „ungesund" einordnen zu können. Mit den entsprechenden Konsequenzen im Umgang und der Behandlung. Doch es gibt Gegenkonzepte zu diesem gewichtszentrierten Denken.

Ein Gegenkonzept dazu ist **gewichtsneutrales Denken**. Hier wird Gesundheit vor allem durch Verhaltensweisen ausgedrückt. Um die Gesundheit zu fördern, wird ein ausgewogener Lebensstil mit Freude an Bewegung, einer vielfältigen Ernährung und einem gesunden Essverhalten, Körperrespekt, Wohlbefinden und mentale Gesundheit angestrebt. Die Gewichtsreduktion spielt dabei eine untergeordnete Rolle.

Der Ansatz „Health at Every Size" (Gesundheit bei jeder Größe) geht davon aus, dass ein höheres Körpergewicht nicht zu negativen Gesundheitseffekten führen muss. Ein gewichtsneutraler Ansatz, der körperliche Vielfalt akzeptiert und Gewicht nicht schlecht macht. Darüber hinaus geht die Bewegung davon aus, dass traditionelle Ansätze wie die Gewichtsreduktion, das Durchführen von Diäten, nicht zu positiven Gesundheitseffekten führen. Vielmehr geht es um ein ganzheitliches Konzept, das zu mehr Wohlbefinden führen soll und das individuelle körperliche, emotionale, soziale, spirituelle und wirtschaftliche Bedürfnisse berücksichtigt.

Während die positiven Effekte von Bewegung und nahrhaftem Essen (intuitive Ernährung, genussvolles Essen) nicht in Frage gestellt werden, geht Health at Every Size aber davon aus, dass dies nicht zwingend mit Gewichtsreduktion einhergehen muss. Es geht dabei vielmehr um gewisse Verhaltensweisen, ganz unabhängig von Gewichtsverlust.

So ist Health at Every Size ein Ansatz, der über Gewichtsneutralität hinausgeht. Ein in Konzept des **Wohlbefindens und Einklang mit dem eigenen Körper**, das von traditionellen Denkmustern abweicht und auch sozio-ökonomische Aspekte und körperliche Individualität berücksichtig. **Eine neue Art der Definition von Gesundheit.**

Dieses Konzept findet aktuell in der Medizin nur wenig Anklang. Es gibt wenige Mediziner:innen, die Health at Every Size propagieren (oder auch nur unterschreiben würden) und wenn sie dies tun, ist die Kritik aus der Kollegenschaft äußerst negativ.

Vielleicht wäre deshalb ein guter erster Schritt, **aktiv mit dem Abbau von Vorurteilen zu beginnen**, und das nicht erst, wenn medizinisches Fachpersonal im Arbeitsalltag angekommen ist. Sondern schon während der Ausbildung.

Medizinische Ausbildung. Wo Vorurteile geschaffen werden.

Die Ausbildung von medizinischem Fachpersonal ist von zentraler Bedeutung im Anliegen, den Abbau von Gewichtsdiskriminierung anzugehen.

Denn Vorurteile werden allzu leicht weitergegeben, und haben sie sich einmal festgesetzt, ist es schwer, sie wieder loszuwerden. Daher muss angesetzt werden, bevor diese Vorurteile überhaupt entstehen können.

Eine Studie des Austrian Institute for Health Technology Assessment[49] zeigt, dass Fortbildungsangebote in der Ausbildung, wenn es um das Thema Gewichtsstigma und den Umgang mit Mehrgewichtigen geht, erfolgsversprechend sind. Vor allem, wenn sie mehrtägig sind. Auch empfiehlt sich der direkte Austausch mit Mehrgewichtigen. Fragen wie „woher kommt meine Angst", „wie denke ich über dicke Körper" sollten dabei besprochen werden.

Auch über die Ausbildung hinaus wäre ein fortlaufendes Auseinandersetzen mit gewichtsstigmatisierenden Ansichten in Form von Workshops oder auch Kursen und Vorträgen wünschenswert. Denn Vorurteile, die über Jahrhunderte aufgebaut und weitergegeben wurden, die wir in unserer Erziehung mitbekommen haben, lassen sich nicht von heute auf morgen ausräumen. Das braucht Zeit und permanente Arbeit. Im besten Fall entsteht eine Win-Win-Situation. Sowohl medizinisches Fachpersonal als auch mehrgewichtige Patient:innen könnten davon profitieren. Abbau von Vorurteilen und Abbau von Angst, das klingt nach einem guten Anfang.

Ich spreche hier von Initiativen und Herangehensweisen, die im Alltag der österreichischen Gesundheitslandschaft noch nicht angedacht werden. Wobei es eine erste vielversprechende Initiative gibt, das HOLi Gesundheitszentrum, ein Zentrum, in dem gewichtsneutral gedacht und praktiziert werden soll. Dies ist allerdings erst im Aufbau begriffen und die Umsetzung wird dauern. Denn finanzielle Mittel für derartige Projekte sind knapp bemessen. Die Skepsis gegenüber gewichtsneutralen Herangehensweisen ist groß.

So sind wir als Mehrgewichtige aktuell immer noch gezwungen uns mit der traditionellen Herangehensweise an Gewicht und Gesundheit auseinanderzusetzen. Das bedeutet für viele: Gewichtsreduktion für ein besseres, gesünderes Leben.

Ein besseres und gesünderes Leben, das ist eine Versprechung, die wir vor allem auch von einer Industrie kennen, die den Abnehmmarkt mit immer neuen Produkten überschwemmt und dabei Unglaubliches verspricht: die Diätindustrie. Ein internationaler Milliardenmarkt, denn mit der Unsicherheit und der Angst vor allem dicker Menschen lässt sich gutes Geld machen. Und mit dem Wunsch, „gesund" zu sein, und dem Fehlglauben, Gewichtsreduktion = gesund.

Doch längst ist die Einnahme von Abnehmpillen und anderer Produkte zur Gewichtsreduktion kein Thema nur dicker Menschen mehr. Es geht weit darüber hinaus.

Dabei entsteht eine seltsame Vermischung von Gesundheit und Schönheitsideal, von lebensnotwendigen Medikamenten und dem Bedürfnis der Schönheitsindustrie, Körper zu perfektionieren.

Diese Mischung treibt auch finanziell immer absurdere Blüten und hat eine Industrie groß gemacht, die vor allem auch durch genau die Ideale weiterlebt, die sie selbst vorgibt und für die wir viel Geld ausgeben, um diese zu erreichen.

Dass die Medizin als Disziplin, deren Aufgabe die Verbesserung der Gesundheit ist, nicht in diese Entwicklung eingreift, ist bedenklich. Im Gegenteil durch **das anhaltende, unreflektierte Raten zur Gewichtsreduktion** dabei im Verständnis der Betroffenen beinahe jedes Mittel heiligt, ist höchst problematisch.

DIÄTEN, MAGENBYPASS ODER DOCH OZEMPIC:

Zwischen Big Business und Gesundheitsfragen

Der dicke Körper ist im negativen Sinne immer mal wieder Grund für öffentliche Diskussionen. Denn weil kaum positiv über Mehrgewichtigkeit berichtet oder gesprochen wird, fallen wir, wenn wir ins Licht der Öffentlichkeit gerückt werden, nur als Negativbeispiel auf. „Gesundheit ist Privatsache" gilt hier scheinbar nicht. Denn unsere Gesundheit wurde mit dem Ausrufen der „Adipositas-Epidemie" durch die WHO auf nationalen Gesundheitsagenden zum wichtigen Punkt. „**Gesundheitsagenden**" ist dabei das Stichwort: Die unterschiedlichen Methoden, gegen die „Adipositas-Epidemie" vorzugehen, ob Diät, Ernährungsumstellung, Verzicht auf Kohlenhydrate, Proteinshakes, Abnehmkuren, Fettweg-Camps oder auch wesentlich invasivere Eingriffe wie Magen-OPs, sind bezüglich Gesundheits-Benefits in Frage zu stellen. Vor allem die seit einiger Zeit immer beliebter werdenden Abnehmspritzen wie Ozempic oder auch Mounjaro driften im öffentlichen Diskurs ab von einer Antwort auf Gesundheitsfragen hin zu einer Antwort auf Schönheitsideale und hin zu einem radikalen Schutzversuch vor Gewichtsdiskriminierung.

Alleine mit den Themen Diäten, Diätprodukte und verschiedenste Abnahmemethoden könnten ganze Enzyklopädiebände gefüllt werden.

Ich kenne keine mehrgewichtige Person, die nicht schon diverseste Diäten oder auch Abnehmmittelchen probiert hätte.

Viele beginnen damit bereits in jungen Jahren mit ersten Diätversuchen und probieren im Laufe ihres Lebens von FDH (Friss die Hälfte) bis hin zu Dinner-Cancelling und Fastenkuren alles. Immer dabei diverseste Tabletten, Säfte oder auch Pulver, die entweder ein Sättigungsgefühl hervorrufen oder gleich ganz den Hunger stillen sollen. Von der Ananasdiät bis zum Schaumbad mit Vanillezusatz, um das Hungergefühl los zu werden, es gibt nichts, was es nicht gibt.

Mit Schaudern denke ich an meinen Ananas-Diätpillen-Selbstversuch zurück. Teuer in der Anschaffung und im Endeffekt nicht wirklich effektiv. Schon die Einnahme gestaltete sich so schwierig, es war mir unmöglich, diese Tabletten zu schlucken, sodass ich den Versuch rasch wieder abgebrochen habe. Danach folgten Diätdrinks wie Slim-Fast (ein Produkt der 1990er) oder auch diverse andere Diätversuche mit höchst einseitiger Ernährung. Nur Gemüse, wenig Kohlenhydrate, keine Kohlenhydrate und viel Fleisch usw. Vor allem kleine oder auch sehr kleine Portionen.

„Du bist, was du isst" – Identifikation über Ernährung

Wir sind bereit, für weniger Gewicht die Appetitzügelung in Kauf zu nehmen, und sagen dem Hunger den Kampf an. So spielt das Thema Essen eine große Rolle, wenn es um Gewichtsverlust geht. Dazu kommt, Essen ist ein Lieblingsthema für Österreicher:innen. Da kommen wir zusammen und essen gemütlich miteinander, oder es eröffnen zehn neue Restaurants in Wien, die alle ausprobiert werden müssen. Neben dem Aspekt der Geselligkeit und dem Ausprobieren neuer Trends steht aber immer auch das Thema Kalorienzählen oder auch Kohlenhydrate wegzulassen. Wir frönen dem Genuss, aber andererseits besser doch nicht. Vor allem dann nicht, wenn man davon dick wird.

Denn ob schlanke Menschen ein „gesundes Essverhalten“ an den Tag legen, wird selten hinterfragt, während das Essverhalten dicker Menschen permanent auf dem Prüfstand steht.

Wer dick ist, isst falsch, so die Conclusio. „Man wird nicht dick, wenn man es mit dem Essen nicht deutlich übertreibt.“ Dicke Menschen essen nur „ungesunde“ Lebensmittel.

So wird den Mehrgewichtigen buchstäblich auf den Teller geschaut, und das wissen wir auch. Die Anti-Diät-Diätologin Katharina Kühtreiber beschreibt, was sie in der Praxis täglich erlebt:

> **„Meistens sind mehrgewichtige Menschen davon überzeugt (und es wird ihnen von der Gesellschaft eingeredet), dass sie etwas falsch machen bzw. dass sie es sowieso nicht richtig machen können. Oftmals noch bestärkt durch unzählige, vermeintliche Abnehmversuche, die leider wissenschaftlich erwiesen zu 90–95 Prozent sowieso zum Scheitern verurteilt sind. Die Schuld einer gescheiterten Diät sucht die Personen jedoch meist bei sich selbst, anstatt bei der Diät. Durch die vielen unterschiedlichen und verwirrenden Informationen in den diversen Medien**

> **oder aber auch der Gesellschaft wird häufig einerseits zu wenig gegessen und dieses Nährstoff- und Energiedefizit dann andererseits mit schnellverfügbarer Energie – in Form von Zucker und Fett – wieder wettgemacht."[50]**

Ein Kampf, den Dicke nur schwer gewinnen können. Zu sehr sind wir damit beschäftigt, zu überlegen, was wir essen, wann wir essen und wieso wir das jetzt besser nicht essen sollten. Ein Teufelskreis, der nicht gut für dicke Menschen sein kann. Isst man in der Öffentlichkeit einen Salat, heißt es „da schau her, die isst auch mal einen Salat zwischen den ganzen Burgern", isst man einen Burger, heißt es „iss doch besser einen Salat, du bist eh schon so fett". Dieses ständige Beobachtetwerden ist unangenehm und macht unsicher. Auf mein „nein danke, ich brauche kein Dessert" in einem Wiener Lokal kam vom Kellner ein „na ist eh besser, hast eh dein ganzes Leben lang schon genug gehabt". Solche Aussagen hinterlassen kaum ein gutes Gefühl. Für manche haben solche Erfahrungen Konsequenzen, wenn es um ihr eigenes Essverhalten geht, erklärt Kühtreiber:

> **„Plus: Auf Grund von diversen Diskriminierungs- und Stigmatisierungserfahrungen und diversen Prägungen und Gewohnheiten wird Essen oftmals auch als Regulationsmechanismus für diverse Emotionen eingesetzt."**

Besser also heimlich essen? Nein, sicher nicht. Der Akt des öffentlichen Genusses ist geradezu ein Akt des Widerstands dicker Menschen. Nicht umsonst machen Künstler:innen, die sich mit Mehrgewicht und der Diskriminierung dicker Körper auseinandersetzen, das Essen zum zentralen Thema ihrer künstlerischen Arbeit. So zum Beispiel die bildende Künstlerin Veronika Merklein, die in ihren Performances immer wieder Bezug zum Essen nimmt und dabei im Publikum gemischte Reaktionen hervorruft. Der dicke Mensch, der genüsslich isst, der dicke Mensch, der eine größere Portion isst, der dicke Mensch, der überhaupt öffentlich isst, eine Provokation.

Doch während wir Aktivist:innen das Essen in der Öffentlichkeit nicht scheuen – durchaus etwas, das man sich antrainieren muss, Blicke sollten einem dabei vollkommen egal sein –, ist das noch lange kein Befreiungsschlag für andere dicke Menschen. Im Gegenteil, viele suchen fieberhaft nach einer Möglichkeit, um den Hunger zu unterdrücken und dabei Kilos zu verlieren.

Das große Geld mit den Unsicherheiten

Die 1990er-Jahre waren eine Blütezeit der Werbung, gut kann ich mich an „Du darfst" erinnern. „Ich will so bleiben, wie ich bin. Du darfst!" Ein Werbeslogan, den ich unbewusst verinnerlicht habe und der für die Bewerbung von sogenannten „Light Produkten" stand. Margarine statt Butter, Light Joghurt statt vollfett. Besonders in den 90er-Jahren waren diese Werbungen im Fernsehen stark präsent und prägten so den Blick einer ganzen Generation auf ihre Körper und ihr Essverhalten. Heute ist es weniger das Fernsehen, sondern es sind die sozialen Medien, in denen Werbung für diverseste Produkte der Diätindustrie zu finden sind.

Smart Food

Immer wieder werden mir auf Social Media Werbung über Produkte gezeigt, die mein Leben einfacher machen sollen. So z.B. durch das Ersetzen von Mahlzeiten. Sogenannte Trinkmahlzeiten ersetzen lästiges Kochen oder machen das Nachdenken über den Menüplan obsolet. Essen trinken – eine echte Alternative, denn in diesen Drinks ist angeblich alles drinnen, was man für eine ausgewogene Ernährung braucht. Doch damit nicht genug, auch das „natürliche Ozempic" wird mir via TikTok vorgestellt. Ein Pulver, das den Appetit nicht einfach zügeln, sondern sogar ganz verschwinden lassen soll. Für einen schlanken Körper, quasi über Nacht. Und daneben gibt es diverse Riegel, die schnelles Hungerstillen mit wenigen Kalorien versprechen.

Wäre ich dreißig Jahre jünger, wäre das höchst verlockend. Denn in meiner Teenagerzeit habe ich, wie bereits erwähnt, einige Abnehmprodukte selbst ausprobiert. Zu verlockend, diese „Nahrungsmittel": essen, ohne sich Sorgen machen zu müssen, zuzunehmen. Doch ich bin kein Teenager mehr und stelle mir deshalb bei all diesen Werbungen (und es sind viele, bzw. werden immer mehr auf Social Media) sehr grundlegende Fragen.

„Smart Food" ist ein großes Thema. Eine neuartige Kategorie von Lebensmitteln, schnell und einfach zu konsumieren, dabei mit allen Nährstoffen, die der Körper braucht, sagen die Hersteller:innen. Einfach, praktisch, gesund und gut. Davon gibt es weit mehr, ganze fertige Mahlzeiten, die man sich nur aufwärmen muss, proteinreiche Gerichte usw. Ein Millionenmarkt, genauer gesagt ein Markt, der mehrere hundert Millionen im Jahr einbringt, Tendenz stark steigend.

„Wo ist da jetzt das Haar in der Suppe, Frau Herrmann-Thurner?", könnte man mich fragen.

Ich stelle die Frage in den Raum, inwiefern Smart Foods – abgesehen von einer Zeitersparnis – denn überhaupt einen Nutzen haben, und zwar insbesondere für dicke Menschen.

Inwiefern helfen Smart Foods dicken Menschen dabei, einen guten Bezug zu Lebensmitteln herzustellen, ein besseres Verständnis für ihre Essgewohnheiten zu entwickeln?

Denn braucht es nicht genau das, um sich „besser" zu ernähren? Braucht es für eine ausgewogene Ernährung nicht auch eine gute Beziehung zu und ein Wissen über Lebensmittel? Sollten wir uns nicht mehr mit Inhaltsstoffen und Zubereitung und weniger mit Kalorien beschäftigen?

Wie lernen wir, mit Lebensmitteln umzugehen, wie lernen wir, was uns wirklich gut tut und was uns schmeckt, wenn wir uns nicht damit auseinandersetzen?

Geben wir einer Industrie, die diese Produkte herstellt, nicht viel zu viel Einfluss auf unser Essverhalten und unser körperliches Wohl?

Darüber hinaus bin ich äußerst skeptisch, wenn die Hersteller von smarten Drinks und Riegeln im Zusammenhang mit einer Magenbypass-Operation davon sprechen, dass die Integration ihrer Produkte nach einer OP ein entscheidender Faktor für den Erfolg der OP und die Gesundheit der Patient:innen ist.

Werbung für Diätprodukte ist Reglementierungen unterworfen, vollkommen zu Recht. Für Smart Foods selbst konnte ich keine Regelungen, außerhalb jener zur Bewerbung von Lebensmitteln allgemein, finden. Doch sollte hier nicht genauer hingeschaut werden? Denn Smart Foods werden auch gerne im Zusammenhang mit „leichter Gewicht halten oder Gewicht senken" genannt.

Ich habe die Diätologin Katharina Kühtreiber im Interview gefragt, warum ein gutes Verhältnis zu Lebensmitteln und zum Essen so wichtig ist. Ihre Antwort zeigt, wie sehr wir in

Bezug auf Ernährung von falschen Glaubenssätzen und antrainierten Gewohnheiten geprägt sind:

> **„Ich würde gar nicht von einem guten Verhältnis sprechen, sondern eher von einem neutralen Verhältnis zu Essen und Lebensmitteln. Dies ist ein essenzieller Bestandteil für einen entspannten Essalltag. Denn je mehr Bewertung Lebensmittel/Essen erfahren, desto komplizierter und schwieriger wird die Beziehung dazu. Und ja, desto verkopfter werden unsere Entscheidungen rund ums Essen und unsere Lebensmittelauswahl."**

Als verkopft (und falsch ökonomisiert) könnte man unseren Blick auf Lebensmittel beschreiben. Wir suchen schnelle Lösungen und sind bereit, viel Geld dafür zu bezahlen. Als wollten wir uns von einem Unternehmen, das die Lösung gegen Hunger und für einen gesünderen (schlankeren) Körper verspricht, die Verantwortung für unsere Körper abnehmen lassen. Dicke Menschen betrifft das besonders, denn wir lernen bereits von klein auf, dass ein dicker Körper kein wertvoller, guter Körper sein kann, und nehmen viel dafür auf uns, um uns zu verändern. Doch dabei lernen wir nichts über unser Ernährungsverhalten und den Umgang damit, sondern machen uns von einer milliardenschweren Industrie abhängig.

Unser Verhältnis zum Essen ist zwiespältig, dicken Menschen dabei grundsätzlich vorzuwerfen, dass sie schlecht essen und deshalb dick sind, ist schlichtweg unfair. Auf der Suche nach einem besseren Weg, um mit Ernährung umzugehen, probieren Mehrgewichtige vieles aus. Ob Smart Food hier eine adäquate Lösung ist, kann durchaus bezweifelt werden. Für Produzenten wie Nestlé bedeuten sie jedenfalls Millionengewinne. Investition in und Entwicklung von Produkten für die dicke Kundschaft ist ein sehr nachhaltiges Geschäftsmodell.

Diäten, Magenbypass oder doch Ozempic

Think Like a Thin Person – Das „Skinny Girl Mindset“

Wenn ich von der Diätindustrie spreche, dann darf ich in diesem Kapitel nicht nur Tabletten, Pulver oder auch Shakes erwähnen. Denn es sind nicht nur die Mittel, die man einnehmen kann, die einen schlanken Körper und dadurch ein vermeintlich besseres Leben versprechen. Auch Bücher muss ich an dieser Stelle erwähnen und genauso auch Influencer:innen auf Social Media, die Tipps zum Abnehmen geben und es sich zur Aufgabe gemacht haben, das Dicksein zu bekämpfen.

In einer Zeit, in der Social Media eine so wesentliche Rolle in der Werbung spielen und auch unseren Alltag beeinflussen, sind Instagram, TikTok und Co. nicht zu vernachlässigende Quellen für Abnehmtrends und -ideen aller Art. Bei meiner Recherche bin ich dabei auf die unglaublichsten Methoden zur Gewichtsreduktion gestoßen. Besonders auffällig war hier das „Skinny Girl Mindset“ – „Wenn du ein dünnes Mädchen sein willst, dann denke wie ein dünnes Mädchen“.

Trainiere dein Gehirn, um wie eine dünne Person zu denken, sagt die US-amerikanische Psychologin und Autorin Judith S. Beck mit ihrem Buch „The Beck Diet Solution: Train Your Brain to Think Like a Thin Person“[51]. Du kannst dünn sein, wenn du willst. Es gibt die richtigen Techniken, die dich dabei unterstützen. Du isst nicht, wenn du hungrig bist, sondern nach Plan. Der Wille siegt über den Körper, sozusagen.

Besonders auf TikTok gerate ich bei der Recherche zu dem Buch immer tiefer in dieses „Rabbit Hole“. Ich begebe mich auf die Spur des Begriffs „Skinny Girl Mindset“ und stolpere dabei über die krudesten Theorien. Dünne Menschen denken nicht über Essen nach, sie lieben Essen nicht.

Diese Ideen verbreiten und etablieren sich auf Social Media rasend schnell. Ein eingängiger Buchtitel und schon wird ein Hashtag draus. Willst du dabei sein, machst du ein Video zum Thema, probierst es aus, bist Teil der „Bewegung", bist auf der vermeintlich richtigen Seite, wenn es um dein Körpergewicht geht. Wieder einmal geht es dabei ums liebe Geld, das Business hinter diesen klingenden Titeln. Denn mit Unsicherheiten lässt sich, wie bereits mehrfach festgestellt, viel Geld machen. Verkaufte Bücher, Workshops von sogenannten Abnehmexpert:innen, Menschen die ihre eigene Geschichte, ihre subjektive Erfahrung als Allheilmittel für alle präsentieren.

Ob das schädlich ist, dass vor allem auch junge Menschen so stark beeinflusst werden und dabei ein Körperbild gezeigt bekommen, das auf lange Sicht sicherlich nicht zu ihrem Wohlbefinden beitragen kann – nicht umsonst steigen die Essstörungsraten vor allem unter Teenagern an –, ist egal. Einmal online gestellt, war die „Think Like a Thin Person"-Ideologie geboren und nicht mehr aufzuhalten.

„Denk nicht über Essen nach, aber sprich ständig darüber und über nichts anderes." Das macht doch keinen Sinn.

Doch dieses Mindset erreicht ein Millionenpublikum. Dicken Menschen per se ein ungesundes Verhältnis zum Essen zu unterstellen, sie gerne als „fressende Person vor dem Fernseher" zu karikieren und ihnen permanent vorwurfsvoll auf den Teller zu schauen, ist sicherlich kein Weg zu einem besseren Körpergefühl und einfach nur vorurteilsbeladen.

Die Diätindustrie und die Werbewirtschaft

Im ersten Quartal 2024 hat das dänische Unternehmen Novo Nordisk ein Umsatzwachstum von ca. 8,76 Milliarden Euro bekannt gegeben. Das Medikament Ozempic wurde ursprünglich zur Behandlung von Typ-2-Diabetes entwickelt und ist seit 2017 in den USA, seit 2018 in der EU zugelassen. Der Wirkstoff Semaglutid führt zur Senkung des Blutzuckerspiegels, der Reduktion des Hungergefühls und dadurch des Gewichts. Durch den Einsatz des Medikaments zum Zweck des Abnehmens wurde Novo Nordisk zum wertvollsten europäischen Unternehmen.[52] Die Umsatzzahlen der Diätindustrie sind seit Jahren steigend und gehen immer weiter in die Höhe. Von Finanzkrise ist hier nichts zu bemerken, ganz im Gegenteil. Nicht erst seit Ozempic investieren Menschen ihr Geld in Abnehmprodukte. Von Diätshakes, die eine Mahlzeit ersetzen, über Tabletten, die helfen sollen, Fett besser zu verbrennen, bis hin zu Riegeln, die rasch den Hunger stillen und dabei wenig Kalorien haben. Säfte, Pflaster, Tabletten, Kaugummis, Diätkochkurse, Apps als Hilfs- und Überwachungsmittel der Abnahme, Geräte, die Bauchmuskeln stimulieren sollen und dadurch das Fett zum Schmelzen bringen, bis hin zum „Abnehmen im Liegen".

Dem Weg zum vermeintlichen Traumkörper sind keine Grenzen gesetzt. Die Konzerne bleiben dabei erfinderisch.

So heißt es seit einigen Jahren nicht mehr „nimm ab, das ist gesund", sondern vielmehr „Selbstliebe heißt, auf seinen eigenen Körper zu achten, und das bedeutet, sein Gewicht zu kontrollieren". Besonders das Aufspringen auf den Body-Positivity-Zug ist perfide, wird doch der eigentlich politische

Begriff, dessen Wurzeln im Kampf gegen Gewichtsdiskriminierung liegen, ad absurdum geführt. So bedeutet Body-Positvity nicht mehr das Loslösen von Vorurteilen dicken Körpern gegenüber, sondern es öffnet Industrie und Werbung ein weiteres Tor, um den Konsum anzukurbeln und Diätprodukte zu vertreiben. Du bist bodypositiv, dann machst du Sport und das in den passenden Klamotten und nur im richtigen Fitnesscenter und vergiss bloß die Proteinriegel nicht. Du achtest auf dich? Dann ist Abnehmen der einzige Weg hin zu einem gesunden, guten Körper.

Das deutsche Institut Statista prognostiziert für 2025 einen Umsatz von 2,27 Milliarden Euro für die Diätindustrie in Deutschland[53]. Der geschätzte Umsatz der Diätindustrie in ganz Europa liegt bei etwa 90 Milliarden Euro. Tendenz stark steigend, getrieben vor allem auch durch Produkte wie Abnehmspritzen.[54]

Rund 200 Millionen Menschen sehen den Super Bowl weltweit. Etwa 101 Millionen Zuschauer:innen in den USA haben in diesem Jahr in der Werbepause folgende Kampagne gesehen, die ich hier kurz zusammengefasst skizzieren möchte:

> **„74 % der US-Amerikaner sind übergewichtig, über 500.000 Menschen sterben in den USA jährlich an den Folgen ihres Übergewichts. Doch Abnehmmedikamente sind teuer, die 160 Millionen Dollar schwere Gewichtsverlust-Industrie möchte nicht, dass es uns gut geht, sie will uns abhängig machen. Wir bieten euch ein Medikament an, ganz auf eure Bedürfnisse zugeschnitten, erschwinglich für jeden. Ganz zu eurem individuellen Lifestyle passend.“**[55]

Auf YouTube ist der alarmierende Werbespot nach wie vor zu finden und Medien weltweit haben über die umstrittene Kampagne berichtet.[56]

Diäten, Magenbypass oder doch Ozempic

Der Werbespot von Hims&Hers, einem Unternehmen, das sich auf Telemedizin spezialisiert hat, bietet ein neues Medikament zur Gewichtsabnahme an. Die Argumentation und Durchführung mag fragwürdig sein. Das Millionenpublikum war ihnen während der Super-Bowl-Werbepause sicher. Die Kritik im Anschluss ebenso, denn es fehlte eine Kennzeichnung, doch da war der Werbespot bereits gelaufen und die Botschaft übermittelt. Ziel also erreicht.

Ein geschickter Werbestreich, denn derzeit gilt es für die Diätpillen-Industrie besonders, sich Kund:innen zu verschaffen bzw. zu behalten. Der milliardenschwere Markt für Abnehmmittel (über zwei Milliarden allein in Europa) hat seit einiger Zeit Aufwind erfahren durch die sogenannten Abnehmspritzen, die reißenden Absatz finden – aber sehr teuer sind. Die eigenen Tabletten als kostengünstige Alternative zu bewerben und dabei auch noch der Pharmaindustrie allgemein die Schuld daran zu geben, dass so viele Amerikaner:innen keinen Zugang zu einem „gesunden Leben" haben ist, wie soll man es ausdrücken, geschickt von Hims&Hers. Doch es ist nicht das einzige Unternehmen, das Marketing beherrscht.

„Driving change in obesity" („Veränderungen bei Fettleibigkeit vorantreiben") ist das Motto des Unternehmens Novo Nordisk. Veränderung für langanhaltende Gesundheit. Damit wirbt die dänische Firma, und das mit viel Erfolg. Dabei sind es nicht nur Werbeschaltungen, die ins Auge fallen, besonders die PR-Strategie des Unternehmens wirkt. Unzählige Berichte findet man in Zeitungen und Zeitschriften über die Abnehmsensation. Auch immer mehr **Stars und Sternchen „bekennen" sich zur Nutzung des Präparats Ozempic**. Während wir in den letzten Jahren die Abnehmerfolge einiger Stars auf Social Media und in Online-Medien sehen konnten, haben sich viele gefragt, wie das oft in so kurzer Zeit so möglich war. Jetzt wissen wir es.

Was noch vor einiger Zeit verpönt war, nämlich zuzugeben, dass man bei der Abnahme nachgeholfen hat, ist heute viel selbstverständlicher. Ganz à la: willkommen im Abnehmspritzen-Club.

Bessere Werbung als die Lieblingsstars, die die Produkte auch verwenden, gibt es doch nicht.

Bereits seit einiger Zeit steigen die Berichte von Influencer:innen über ihre Erfolge mit den Abnehmspritzen auffällig an. Kaum ein Tag vergeht, an dem ich nicht Content Creator:innen auf TikTok sehe, die über ihre Erfahrungen mit den Spritzen sprechen. Die guten Nachrichten verbreiten sich rasch und so probieren es immer mehr Menschen aus.

Social Media ist zu dem Ort für Abnehmversprechen geworden. Eine Unmenge an Abnehmprodukten wird mit viel Enthusiasmus angepriesen. Plus-Size-Influencer:innen sprechen über ihre Erfahrungen mit Abnehmprodukten, manche empfehlen diese sogar. Einst dicke Vorbilder der Social-Media-Welt werden zu schlanken Verfechter:innen der Gesundheit. Davon fühlen sich Follower:innen verraten.

Verständlich, denn die Abnahme kommt oft mit einem totalen Gesinnungswandel des einst dicken Vorbildes daher. Wo früher Body Positivity und „dicke Menschen können alles" die Leitlinien waren, ist es nach der Gewichtsabnahme ein „Jetzt sehe ich es endlich ein". Wasser auf die Mühlen der Kritiker:innen Mehrgewichtiger. Wir würden uns ein gutes Leben nur einreden, wir könnten gar nicht alles machen. Ein schlanker Körper lässt ein in allen Bereichen leichteres Leben zu. Ein schwieriges Thema. Denn die Kritik an der so veränderten Person wird oftmals als Unverständnis abgetan, eine Diskussion ist so nicht möglich. Doch man könnte hier über vieles diskutieren: darüber, wie man mit sich früher umgegangen ist, vielleicht, welches Verhältnis man zu seinem Körper hatte. Oder auch, ob man seine Aussagen nicht besser abwägen sollte, wenn man wirklich möchte, dass Gewichtsdiskriminierung und Stigmata abgebaut werden. Nicht, dass man selbst zum Bremsklotz für diesen Prozess wird.

Weshalb ich das zum Thema Werbung an dieser Stelle erwähne? Weil Influencer:innen Werbung für Abnehmmittel machen, anders kann man das nicht nennen: Influencer:innen mit „Traumkörper" werben für die Methode, mit der sie diesen (vermeintlich?) erreicht haben.

Ich verfechte generell die Ansicht „dein Körper, deine Entscheidung", so fordere ich körperliche Selbstbestimmung für Mehrgewichtige ein.

Und kann diese dann anderen nicht absprechen, das ist klar. Doch Werbung für Abnehmprodukte oder -methoden aufgrund der erfahrenen Wirkung auf den eigenen Körper zu machen, ist etwas anderes. Gesundheit, Körpergefühl, all diese Dinge sind hoch individuell und Vorbilder haben oftmals viel Einfluss auf die Entscheidungen ihrer Followerschaft. Es ist ein schmaler Grat zwischen Erfahrungsbericht und Werbung. Zumal einige auch von Unternehmen für Werbung bezahlt werden. Somit werden Influencer:innen zu Botschafter:innen für Magenbypässe, Abnehmspritzen und andere Produkte zur Gewichtsabnahme. Schwierig, wenn man daran denkt, wie stark sie ihre oft junge Followerschaft damit manipulieren können. All diese Methoden und Präparate bedürfen darüber hinaus auch einer eingehenden Beratung durch medizinisches Fachpersonal. Und niemals sollte Druck auf Menschen ausgeübt werden, Dinge auszuprobieren, nur weil andere es machen. Es ist manchmal schwer, auf seine innere Stimme zu hören, wenn die Beeinflussung von außen so groß ist. Gerade Social Media, durch den unbewussten Konsum und die süchtig machenden Nutzungsverhaltensweisen, ist ein kritischer Ort für Werbung.

In Österreich ist die Werbung mit unbewiesenen Gesundheitsversprechen verboten. Eine gute Grundlage, doch Unternehmen finden oft Mittel und Wege, diese Verbote geschickt zu umgehen.

Es stellt sich die Frage, ob es überhaupt Werbung für Abnehmprodukte geben sollte. Denn wenn wir langfristig an der Gesundheit Mehrgewichtiger interessiert sind, dann ist die Einnahme von Drinks und das Essen von Riegeln eventuell nicht der richtige Weg.

Abnehmspritzen und operative Methoden sollten – wenn, dann – mit den eigenen Ärzt:innen besprochen werden. Diese sind gut über aktuelle Entwicklungen informiert.

Wir sprechen hier über gute Geschäfte und über viel Geld. Hier einen Riegel vorzuschieben, hätte sicherlich Konsequenzen. In einem Wirtschaftssystem, in dem der Mensch Nachrang und das Kapital Vorrang hat, ist die Entscheidung schon gefallen. Doch ist uns wirklich an einem guten und so weit wie möglich gesunden Leben Mehrgewichtiger gelegen, sollte diese Idee zumindest diskutiert und auf die Folgen von Werbung für Abnehmpräparate hingewiesen werden.

Magenbypass

„Diäten sind nicht der richtige Weg, aber haben Sie schon einmal über eine bariatrische Operation nachgedacht, eine Magen-OP? Meine Kollegin nebenan ist auf diese Operationen spezialisiert", sagte die Ärztin, nachdem wir über ein ganz anderes Thema gesprochen hatten, das nichts mit Magen-OPs zu tun hatte. Es war nicht das erste Mal, dass ich ein Gespräch über dieses Thema geführt habe. Doch ich bin jedes Mal aufs Neue wie vor den Kopf gestoßen. Mit keinem Wort hatte ich Probleme mit meinem Körper angesprochen, die Ärztin kannte auch meine Blutwerte nicht, alles, was sie sah, war mein Äußeres. Das reichte für diesen „Ratschlag". Die weitere Diskussion zu erzählen, ist müßig. Das Gespräch endete mit einem „Das muss ich mir nicht gefallen lassen, das ist ein Überschreiten jeglicher persönlicher Grenzen" von meiner Seite und meinem raschen Abgang.

Ein kleiner Einschub an dieser Stelle: Wir „müssen" uns übrigens als dicke Patient:innen nicht alles gefallen lassen. Jeder Mensch hat eine „rote Linie", und sollte diese überschritten werden, sollten wir das auch deutlich kundtun.

Ja, wir suchen bei Ärzt:innen Hilfe und Expertise, das heißt nicht, dass wir uns beleidigen lassen müssen. Ein „Nein" zu schlechter Behandlung ist jederzeit möglich, braucht zwar etwas Mut, sollte aber nichtsdestotrotz auch ausgesprochen werden.

Wut beschreibt mein Gefühl nach diesem Gespräch wohl am besten. Wut und Ärger. Denn so eine Operation ist ja keine Kleinigkeit, sondern ein massiver Eingriff in meinen

Körper. Diesen vorzuschlagen, nachdem man mich etwa fünfzehn Minuten kannte und nichts weiter von mir wusste, hat mich fassungslos zurückgelassen.

Doch nicht selten kommen diese Gespräche leider vor. Im Jahr 2021 wurden in Österreich um die 3000 bariatrische Operationen durchgeführt. Dies ist der Website der Medizinischen Universität Wien zu entnehmen.

„Magenbypass" oder auch „Schlauchmagen", operative Eingriffe, um Hochgewicht in den Griff zu bekommen, nehmen zu. Es sind schwerwiegende, massive Eingriffe in den Körper. Doch für manche scheinen sie, nach oft jahrelang nicht erfolgreichen Abnehmversuchen, der letzte Ausweg zu sein. An dieser Stelle gebe ich zu, dass es mir aus persönlichen Gründen nicht leicht fällt, über Magenbypässe zu schreiben. Spreche ich von Diätindustrie und der Art, wie die Gesellschaft unsere dicken Körper sieht, ist es aber unerlässlich darauf einzugehen. Fragen, die mich hier vor allem beschäftigen: Wie gehe ich mit Menschen um, die solche Eingriffe haben durchführen lassen, wie stehe ich selbst dazu?

Nach vielen Jahren der Recherche und Gespräche kann ich sagen: your body, your choice! Diese **körperliche Autonomie** muss ich jedem Menschen zugestehen, fordere ich sie doch vehement auch für mich und andere dicke Menschen ein. Allerdings werden unsere Entscheidungen natürlich maßgeblich durch unsere Umwelt beeinflusst. Die Medizin hat dazu eine sehr eindeutige Meinung (ab einem gewissen BMI die einzige Lösung für ein gesundes Leben) und berät natürlich entsprechend. Die Gesellschaft lobt Schritte zur Gewichtsreduktion, ob durch Diät oder Eingriff. Je höher der Gewichtsverlust, desto mehr Lob bekommt man. „Schaust du gut aus, das steht dir so, wow ich gratuliere, was für ein guter und wichtiger Schritt, gut für dich, Respekt ...", solche Bemerkungen gehen einem nach oft vielen Jahren des Kritisiert- und Bemängeltwerdens natürlich runter wie Öl. In einer Gesellschaft wie der unseren, die Leistung als hohes Gut sieht und in der auch die Körperform und das Gewicht als erbrachte Leistung für mehr Gesundheit und Erfolg gelten. Selbstkontrolle und Disziplin spielen in diesem Konstrukt eine gewichtige Rolle.

> **„In einem Kontext, in dem hegemoniale Diskurse die Ausgestaltung des Körpergewichts nur als Frage von Selbstdisziplin und -kontrolle darstellen, wird das Unvermögen, Gewicht zu verlieren, oft als ein moralisches Scheitern der Person gefasst."[57]**

Was so theoretisch klingt, erfahren dicke Menschen praktisch jeden Tag. Du bist schuld an deinem dicken Körper, finde eine Lösung. Am besten so rasch wie möglich.

Bietet bariatrische Chirurgie hier einen guten Ausweg?

Wie bei so vielen Dingen: Mit „rasch" ist hier gar nichts gelöst. Eine Operation (noch dazu eine riskante) ist hier erst der Anfang und nicht die alleinige Lösung. Menschen krempeln ihr ganzes Leben nach solchen OPs um. Nicht immer mit Erfolg. Zu Mangelerscheinungen, die ein Leben lang durch die Einnahme von Vitaminpräparaten bekämpft werden müssen, kommen auch zahlreiche weitere OPs dazu. Zur Entfernung überschüssiger Haut zum Beispiel. Kein einfacher Weg also.

Auch hier spielt Geld natürlich eine große Rolle. Zwischen ca. 8.000 und 25.000 Euro liegen die Kosten für eine bariatrische Operation. Werden bestimmte Voraussetzungen erfüllt, übernimmt die Krankenkasse die Kosten für den Eingriff bzw. für Teile davon.. Der wie gesagt einer von vielen Eingriffen sein kann. All das kostet also Zeit und viel Geld. Private Angebote sind dabei besonders kostspielig. Auch hier treffen wir wieder auf das Business mit dem Abnehmen. Wenn es auch nicht „einfach eine Tablette" ist, sondern ein massiver Eingriff in den eigenen Körper. Mit Gewichtsreduktion lässt sich auch hier Geld verdienen.

Bei der Recherche stoße ich vor allem im privat-medizinischen Bereich auf Ratenzahlungsangebote, gerne auch zinsfrei. Denn die Übernahme der Kosten durch die Krankenkasse ist, so beschreiben es Patient:innen, hürdenreich. Doch die Worte „**flexible Finanzierung**" im Zusammenhang mit solch schwerwiegenden Eingriffen in Verbindung zu bringen, kann einem schon seltsam vorkommen. Eine Privatklinik lädt auch zum stylischen „Coffee Talk" ein, um über das Abnehmen und OPs zu sprechen. Nach dem **Motto „Be The Body You Want"**, flexibel in Raten bezahlen, ganz smart. Natürlich kommen Kliniken der Pflicht nach, auf Risiken und die Ernsthaftigkeit bariatrischer OPs hinzuweisen. Die Privatwirtschaft treibt hier allerdings sonderbare Blüten. All das hinterlässt einen seltsamen Nachgeschmack.

Das ist kein Plädoyer für oder gegen einen chirurgischen Eingriff. Doch die Frage, wie objektiv die Medizin den dicken Körper sehen kann, drängt sich auf. Wenn ich eine schwerwiegende Entscheidung treffe und dadurch ein Organ meines Körpers (den Magen) nachhaltig verändere, dann ist es doch essenziell, wie ich beraten werde, dann ist es essenziell, wie objektiv man mir und meinem Körper gegenüber ist. Sieht man den dicken Körper, der nur ungesund sein kann, schaut man dahinter, beschäftigt man sich mit dicken Patient:innen und hinterfragt psychischen Leidensdruck, Traumata und andere gesundheitliche Probleme, oder ist alles eine Folge des Gewichts und dadurch die Gewichtsreduktion der einzige Weg?

Kurzgefasst: Wie kann ich wissen, was richtig für mich ist, wenn mich ein System berät, das mir nicht vorurteilsfrei gegenübersteht?

Bei der Recherche zum Thema Erfahrungsberichte zu Magenbypässen findet man zunächst sehr viel Positives über

Erfolge und Gesundheitsfortschritte. Man muss schon genauer suchen, um auch andere Beispiele zu finden. Menschen, die heute sagen, dass sie die OP mit dem aktuellen Wissenstand nicht mehr machen würden.

Wo aber ist das Gesamtbild, wenn es um bariatrische Operationen geht?

Bevor man sich als Patient:in für einen Eingriff entscheidet, sollten viele Faktoren bedacht, sollte über alles gesprochen werden. Die Magen-OP wird oft als letztes Mittel, als letzter Ausweg beschrieben, aber was ist davor passiert? Wann kam die mehrgewichtige Person ins medizinische System, wie wurde sie behandelt, wurde sie ausgegrenzt, vorverurteilt, war sie unglücklich, hatte sie Zugang zu Lebensmitteln, wurde sie fair bezahlt und konnte sich so Lebensmittel leisten, hat sie sich in ein Fitnessstudio getraut oder wurde sie dort ausgelacht?

Ein ganzes Leben liegt zwischen dem dicken Menschen und der OP. Ein ganzes Leben, in dem viele Schritte hätten gesetzt werden können, damit es der Person gut geht. Wo waren diese Möglichkeiten?

Eine Magen-OP zeigt für mich nicht ein Versagen des dicken Menschen, den richtigen und gesunden Weg zu finden. Es ist ein Versagen des Systems, der Medizin, der Politik, das dazu geführt hat.

Abnehmspritzen

Vor Kurzem habe ich ein Podcastinterview mit dem Mediziner Dr. Joshua Wolrich gehört, in dem er etwas sehr Wesentliches gesagt hat: Abnehmspritzen verändern alles.

Dr. Wolrich hat kurz formuliert etwas ausgesprochen, das mir große Sorgen macht. Denn mit Ozempic und dem uns dadurch bekannten Hormon GLP-1, das ein Sättigungsgefühl auslöst, verändert sich die Art, wie wir mit Gewichtsverlust umgehen, grundlegend. Schnell, einfach, ein „Lifestyle Change", ein „Quick Fix", den ja jede:r nehmen kann. Ein kurzsichtiger Blick auf ein Bombengeschäft, dessen voller Umfang uns bis jetzt noch gar nicht wirklich klar ist. Noch vor einem Jahr habe ich es auch nicht ganz verstanden, doch dann haben mich Social Media und das Fernsehen eines Besseren belehrt:

Spritzenparties, auf denen sich Menschen gegenseitig Ozempic verabreichen und ein richtiger Hype um Abnehmspritzen entsteht. Frauen, die bereit sind, Verbrechen zu begehen, um an den „Stoff" zu kommen. Eine **Lifestyle-Entscheidung**, um dazuzugehören. Als ich die Folge „End of Obesity" der beliebten US-Serie „South Park" im letzten Jahr gesehen habe, war ich ehrlich gesagt „not amused". Nicht sehr erfreut. Was soll das denn sein? Das Ende der Adipositas? Man kann Medikamente doch nicht so einfach als Lifestyle-Entscheidung darstellen oder einfach mal so einschmeißen, um einige, wenige Kilos zu verlieren? Zugegeben, „South Park" ist bekannt für das überspitzte Darstellen von aktuellen gesellschaftlichen Entwicklungen. Doch nach einem Jahr der Recherche zum Thema und der Durchsicht zahlreicher Videos und Posts auf Social Media, sowie zahlreicher Artikel über Filmstars und Musikprominenz, die auf Ozempic oder auch auf Folgeprodukte wie Mounjaro setzen, muss ich sagen, dass das Bild so überzeichnet gar nicht war.

Immer mehr Stars und Sternchen berichten über ihre positiven Erfahrungen mit dem Medikament, auch die bekannte US-Talk-Show-Queen und sehr erfolgreiche Unternehmerin Oprah Winfrey, die ihre gesamte TV-Karriere hindurch den Kampf mit ihrem Gewicht zum Thema machte, hat mit Abnehmspritzen endlich den Körper erreicht, den sie so lange schon ersehnt hatte. Als „Durchbruch in der Behandlung von Übergewicht" werden die Spritzen gerne bezeichnet. Dabei wird vor allem das Hungergefühl unterdrückt (durch den Wirkstoff Semaglutid, der das eingangs beschriebene Hormon GLP-1 nachahmt) und der Magen langsamer geleert. Was auch zu einem länger anhaltenden Sättigungsgefühl beitragen soll.

Es klingt so einfach: Eine Spritze und die Kilos schmelzen dahin. Endlich ein Weg, um Gewicht nachhaltig zu reduzieren.

Ein scheinbar leichter Weg. Vorgelebt auch durch prominente Vorbilder wie Adele oder die Kardashians, deren „Abnehmgeschichte" solange als Ernährungsumstellungs- und Sporterfolg erzählt wurde, bis sich herausstellte, Semaglutid war im Spiel.

Durch derart vermeintliche Vorbilder wird die Anwendung solcher medizinischer Wirkstoffe verharmlost. Die Beliebtheit der Produkte steigt. Normgewichtige springen auf den Ozempic-Zug auf. Dadurch steigt besonders der Druck auf hochgewichtige Menschen. „Es kann so einfach sein, warum machst du es dann nicht?" So einfach ist es bei weitem nicht, doch die Dynamik wird sichtbar, wie der Druck auf Mehrgewichtige seit einigen Jahren permanent erhöht wird und sich somit die Ausgrenzung aus Gesellschaft und Wirtschaft vermeintlich rechtfertigt.

Ein Medikament als den „**einfachen Weg**" raus aus der Mehrgewichtigkeit zu sehen, ist nicht nur **einseitig**, sondern auch **gefährlich**. Außerdem ist es mit den Spritzen über einen gewissen Zeitraum nicht getan. Denn Medikamente wie Ozempic müssen Menschen, um ihr Gewicht halten zu können, ein Leben lang nehmen und das aktuell noch zu erheblichen Selbstkosten. Denn die Dosierung kann je nach Medikament zwischen 207 und 581 Euro pro Monat kosten. Eine teure Angelegenheit und doch ein lukrativer Geschäftszweig, wie Novo Nordisk zeigt. Das Unternehmen wurde mit Ozempic zum Global Player am Markt und zu einem der wertvollsten Unternehmen Europas. Andere Firmen folgten mit weiteren Spritzen.

Die Berichterstattungen über die Revolution im Kampf gegen Mehrgewicht waren zunächst noch vorsichtig, doch seit einiger Zeit überschlagen sich Medien mit Positivmeldungen. Die Freude der einen, das Leid der anderen. Der Hype hat vor allem für Menschen mit Diabetes negative Folgen. Denn Ozempic wurde ursprünglich zur Behandlung von Diabetes eingesetzt. Erst später entdeckte man die Wirkung auf das Sättigungsgefühl. Ozempic war ab diesem Zeitpunkt vergriffen, ausverkauft, Lieferengpässe entstanden. Vor allem, weil Berühmtheiten aus Film und Fernsehen gezeigt haben, was möglich ist: Abnehmen mit Hilfe der Spritze.

Das Groteske dabei: Viele der Stars und Sternchen, die die Abnehmspritzen einsetzen, hätte man nicht als mehrgewichtig oder hochgewichtig bezeichnet. Es ist ähnliches passiert, wie in der eingangs erwähnten „South Park"-Folge vorgezeigt. Die Spritzen wurden zu einem Lifestyleprodukt. Du willst rasch noch fünf Kilo vor dem Sommer abnehmen, um in deinen Bikini zu passen? Nimm Ozempic! Du willst eine Kleidergröße vor deiner Hochzeit verlieren? Nimm Ozempic! Das sind nur einige Beispiele.

Novo Nordisk hat schnell erkannt, dass sich mit einem Abnehmmittel viel Geld machen lässt und positive Ergebnisse den Erfolg natürlich vorantreiben. Die erste Langzeitstudie (über zwei Jahre) brachte gute Ergebnisse, doch die Kritik ließ auch nicht lange auf sich warten. Denn wie kann es sein, dass zwei der Studienautor:innen für Novo Nordisk tätig waren und Aktien der Firma besitzen? Ist das nicht ein Interessenkonflikt? Positive Effekte wurden bekannt gegeben, ohne dass Studien peer-reviewed wurden, aber sie machten sich natürlich gut in den Medien, um den Hype anzufachen. Und ein Schelm, wer Böses bei folgender Nachricht denkt: Semaglutid ist in der EU noch nicht zur lebenslangen Verabreichung bei Gewichtsreduktion zugelassen. Novo Nordisk versucht eben auf diese Zulassung hinzuwirken.

Pharma und das große Geld, ein großes Thema. Besonders schön lässt es sich hier anhand der Abnehmspritzen zeigen. Doch was heißt das eigentlich für Mehrgewichtige? Druck. Druck, diese Spritzen auszuprobieren, finanzieller Druck, weil die Kosten hoch sind, gesellschaftlicher Druck, weil es so einfach scheint, eine Lösung für das vermeintliche Problem des Dickseins zu haben. Wieso sollte man da noch einen dicken Körper wollen, warum nicht schlank(er) sein, wenn sich doch die Möglichkeit bietet. Druck von medizinischer Seite, ein Abnehmprodukt einzunehmen, das laut aktueller Studienlage so erfolgsversprechend scheint.

Was es aber vor allem bedeutet, ist, dass der Umgang mit mehrgewichtigen Menschen um keinen Deut besser werden wird. Denn es wird dadurch strukturell

in keinem Fall erkannt, warum Gewichtsdiskriminierung auf so vielen Ebenen problematisch ist. Die Lösung ist da, kein Mensch „muss“ also mehr so dick sein. Problem Ende.

Wird das Dicksein als Problem gesehen, und ist die einzige Lösung dafür, nicht mehr dick zu sein, dann sind alle anderen Diskussionen obsolet. Wie wir dicke Körper wahrnehmen, wie wir Gesundheit mit Gewicht koppeln, wie wir dicke Menschen in Beruf und Medizin diskriminieren, wie wir belästigend und herabwürdigend mit Mehrgewichtigen umgehen, all diese Fragen stellen sich so nicht mehr.

Was wir dabei vergessen, ist, dass Abnehmspritzen eben nicht die Lösung für jeden Menschen sind, dass es psychische und physische Probleme geben kann, denen man nichtsdestotrotz auf den Grund gehen sollte. All diese Punkte gehen in der Diskussion und in dem von vielen Medien beschriebenen Hype rund um die Abnehmspritzen unter.

Was es darüber hinaus auch zu beachten gilt, ist die Anwendung der Medikamente. Denn bin ich bereit, mein Leben lang ein Medikament zu nehmen, das noch dazu sehr teuer ist? Bin ich bereit, Nebenwirkungen wie dauerhafte Übelkeit, Erbrechen, Durchfall oder auch eine Entzündung der Bauchspeicheldrüse in Kauf zu nehmen? Ist das nicht erst recht wieder eine Art Diät (Hemmen des Hungers, Hervorrufen eines Sättigungsgefühls) und geht es bei Gesundheit und Wohlbefinden nicht darum, zu lernen, was einem gut tut, und allfällige Probleme zu bearbeiten, damit man eigenständig und selbstermächtigt ein für sich gutes Leben führen kann, ohne auf die Hilfe von Ozempic angewiesen zu sein?

All diese Fragen gehen unter in der schier unglaublichen Menge an positiven Berichterstattungen und Artikeln über Ozempic, Mounjaro und Co. Kaum eine Zeitschrift, kaum ein

Medium, das nicht über die Produkte berichtet. Auf Social Media finden sich ganze Kanäle, auf denen nur noch über die Erfahrungen mit der Abnehmspritze berichtet werden, es werden Tipps gegeben, was bei der Anwendung beachtet werden sollte. All das verändert unseren Blickwinkel auf dicke Körper nachhaltig – negativ.

Abschließend zu diesem Kapitel bleibt zu sagen: Wichtig ist, über die individuelle Ebene hinaus zu denken, wenn es um Gewichtsdiskriminierung geht.

Gewichtsreduktion im Fokus heißt nicht automatisch Gesundheit im Fokus.

Ansätze wie „Health at Every Size" oder auch Gewichtsneutralität gehen Problemen auf den Grund und wollen diese beseitigen. Es werden Fragen nach Systemveränderungen gestellt, nach einem besseren Umgang mit Mehrgewichtigen. Wenn Gewichtsdiskriminierung beseitigt werden kann, kann dies ebenso positive Auswirkungen auf die Gesundheit Mehrgewichtiger haben. Pharmafirmen profitieren davon, dass es keine systemischen Veränderungen gibt, sie profitieren von Unsicherheiten. Die Objektivität in Bezug auf ihre Produkte lässt sich hinterfragen. Was Milliarden im Jahr bringt, ist gut für das wirtschaftliche Fortkommen und muss darüber hinaus nichts Gutes bringen, so funktioniert Kapitalismus.

Der dicke Mensch auf der anderen Seite zahlt dafür. Gewicht wird so einmal mehr zum individuellen Problem gemacht, das die Person selbst zu lösen hat, und der dicke Körper stößt auf immer größeres Unverständnis. Die Fortführung von gewichtsdiskriminierendem Verhalten ist die Folge.

REPRESENTATION MATTERS:

Dicke Vorbilder

Eine Kutsche und ein Kuss, auf den alle seit Staffel 1 gewartet haben: Endlich bekommt die „dicke" Penelope ihr Happy End. „Bridgerton", eine Erfolgsserie auf Netflix, ließ in Staffel 3 die Wogen hochgehen. Denn die dicke Protagonistin wird endlich von ihrem Traummann erhört. Nicht nur das, wir erfahren auch, dass sie seit Staffel 1 die Zügel in der Hand hält und das Geschehen in ihren Kreisen bestimmt. Macht und Sex – zwei Dinge, die wir im Allgemeinen nicht mit dicken Körpern verbinden. Wie ich in den letzten Kapiteln beschrieben habe, können Mehrgewichtige vieles sein: langsam, behäbig, faul, dumm, aber nie erfolgreich, reich, aktiv oder gar begehrenswert. Die Öffentlichkeit hat da ein ganz spezielles Bild von uns. Doch es gibt immer wieder Menschen, die hier doch positiv hervorstechen, die uns zeigen, dass erfolgreich und glücklich zu sein kein Mythos für dicke Menschen sein muss.

Vorbilder, die uns allen zeigen, dass Dicksein kein Hindernis für eine Karriere und ein erfülltes Leben ist.

Representation matters

Denken wir hier zum Beispiel an das internationale Topmodel Ashley Graham, die erfolgreiche Modeikone und Influencerin Tess Holiday, die britische Komikerin Jayde Adams, die bei der UK-Version von Dancing Stars mitgemacht hat, oder eben auch Nicola Coughlin, die uns alle in „Bridgerton" verzaubert hat. Es gibt sie also, die Vorbilder, besonders auch auf Social Media. Denn hier haben sich Influencer:innen aus aller Welt zu positiven Beispielen für die dicke Community entwickelt.

Diese so erfolgreichen Beispiele sind wichtig, sehr wichtig sogar, bilden sie doch ein Gegengewicht zu all den negativen Schlagzeilen über Mehrgewichtige. Nicola Coughlan als „dick" zu bezeichnen, ist schlichtweg falsch, sie trägt eine Kleidergröße 40, dies ist kleiner als die Durchschnittsgröße in der Frauenkonfektion in Deutschland und Österreich. Doch verfolgt man das internationale Medienecho und auch Diskussionen innerhalb der Plus-Size-Community auf Social Media, stellt sie als Heldin ihrer eigenen Geschichte, mit mehr als 100 Millionen Aufrufen auf Netflix, ein echtes Symbol für den Erfolg jenseits von Hollywood Schönheitsnormen dar. Paradox, oder? Menschen, die eine Kleidergröße 50+ tragen, lechzen so sehr nach positiven Beispielen, dass sie sich von einer Frau repräsentiert fühlen, die sie absolut nicht repräsentiert.

Ein sogenannter „Normkörper" (liegt doch der Durchschnitt für Kleidergrößen bei Frauen in Österreich bei 42/44) ist so etwas außergewöhnliches, dass Menschen weltweit Hoffnung schöpfen. Wir bekommen doch unser Happy End, auch wenn wir „anders" aussehen.

„Happy Ends" sind nämlich für dicke Menschen in Film und Fernsehen selten vorgesehen. Immer die besten Freund:innen,

nie die erste Reihe. Nie die große Liebe, eher der freundschaftliche Typ. Kaum je eine dicke Heldin.

Auch deshalb hat „Bridgerton" wohl einen so großen Aufruhr verursacht und so viele Fans gewonnen.

Eine dicke Heldin hat mich vor vielen Jahren selbst sehr begeistert. Die Autorin Rhea Krčmářová hat in ihrem Roman „Venus in echt" eine dicke Frau zur Protagonistin gemacht. Es war großartig, das zu lesen, konnte ich mich doch endlich in einer Hauptfigur wiederfinden. Sie kennt meine Probleme, weiß, wie es ist, als dicke Frau zu leben. Das hat mich mitgenommen und inspiriert. Darum geht es doch, wenn wir von Vorbildern sprechen. Sie inspirieren uns, sie zeigen, dass man eine Karriere machen kann, erfolgreich sein kann. Dass man glücklich sein kann als dicker Mensch. Sie ermutigen uns, auch Karrieren anzustreben oder nach Abenteuern zu suchen. Das beschränkt sich natürlich nicht nur auf Kinofilme oder TV-Shows. Es braucht mehrgewichtige Vorbilder in allen Lebensbereichen, auch in der Wirtschaft oder der Politik. Dicke Menschen, die vorzeigen, was alles möglich ist, die gegen diese Stereotype auftreten, die Mehrgewichtige sonst so verfolgen. Ob Fleiß, Leidenschaft oder auch Durchhaltevermögen, diese Attribute werden mit Dicken nicht verbunden. Vorbilder helfen somit Mehrgewichtigen nicht nur zu sehen, was alles möglich ist. Sie treten auch öffentlich gegen Vorurteile an, sind Gegenbeispiele zu Klischees.

Für dieses Buch habe ich mit vielen Menschen in Österreich, Deutschland und der Schweiz gesprochen. Aktivist:innen, Influencer:innen, Expert:innen und Designer:innen – wenn es um Vorbilder ging, waren sich alle einig.

Wie die schweizer Fettaktivistin Melanie Dellenbach, die sich seit vielen Jahren für die Entstigmatisierung dicker Menschen einsetzt, sagt:

Representation matters

„Ich bin in einer Zeit aufgewachsen, in welcher es keine positiv konnotierten, dicken Vorbilder gab und entsprechend auch keine modische Kleidung für dicke Menschen. Als ich zum allerersten Mal eine Plus-Size-Bloggerin in einem Modekatalog entdeckt habe, eröffnete sich mir eine ganz neue Welt. In dieser Welt konnte ich plötzlich glückliche und fantastisch gestylte dicke Menschen entdecken. Das hat mir geholfen, auch selbst mehr zu experimentieren und mich in meinem eigenen Blog zu zeigen."[58]

Plus-Size- oder auch Fat-Acceptance-Influencer:innen übernehmen eine wichtige Vorbildfunktion. Während Social Media einerseits immer mehr ein Ort des Schönheitsdrucks wird und Ideale propagiert werden, die Menschen weltweit in Essstörungen und große Selbstzweifel stürzen, gibt es eine Ecke auf Social Media, in der dicken Menschen gezeigt wird, dass ein gutes, erfülltes und glückliches Leben auch für sie möglich ist. Diese Ecke ist unglaublich wichtig, diese Botschaften sind für viele ein Weg, um mit sich ins Reine zu kommen. So negativ soziale Medien im Abnehmwahn und in der Gewichtsdiskriminierung funktionieren, so wichtig können sie sein, um als sicherer Ort und mit guten Vorbildern den Weg mehrgewichtiger Menschen zu erleichtern. Und der Weg außerhalb der ermutigenden Social-Media-Ecke ist steinig genug. Der Designer Adam Brody sprach mit mir darüber, wie schwer es für seine mehrgewichtigen Kund:innen ist, selbstbewusst ihren Alltag zu bestreiten.

„Wir geben ihnen die positiven Botschaften mit, ein gutes Gefühl und dann müssen sie wieder raus in die Welt und den täglichen Kampf aufnehmen."

Den täglichen Kampf mit Vorurteilen. Dieser Satz hat mich sehr nachdenklich gemacht. Denn es liegt etwas sehr Wahres darin. Räume, in denen sich Mehrgewichtige wohlfühlen können, in denen sie nicht dem Druck ausgesetzt sind, sich verändern zu müssen, um „richtig" zu sein, sind – außerhalb der erwähnten Social-Media-Blase – rar. Wir müssen uns diese Räume oft erst selbst schaffen. Auch deshalb sind dicke Vorbilder so wichtig. Ob in den Medien, der Politik oder auch in der Wirtschaft. Zu sehen, dass ein dicker Mensch es schaffen kann, Karriere machen kann, kann ein großer Ansporn sein.

Glorifying Obesity – weil du dick nicht glücklich sein darfst

„Glorifying Obesity", was heißt das überhaupt? Der Begriff geht davon aus, dass Menschen, die Mehrgewicht bzw. Mehrgewichtigkeit in einem positiven Licht zeigen, dazu beitragen, Adipositas zu verharmlosen oder zu verherrlichen. Die Verherrlichung adipöser Körper – ein Vorwurf, den dicke Menschen, die ein gutes Leben in einem mehrgewichtigen Körper propagieren, oft zu hören bekommen. Es ist immer wieder interessant, diesen Vorwurf zu reflektieren, während ich solche Worte tippe. Denn gemeint ist: Dadurch, dass ich Menschen sage, dass sie sich nicht hassen sollen und dass sie wertvolle Mitglieder dieser Gesellschaft sind, verherrliche ich Mehrgewicht.

Das betrifft natürlich nicht nur mich, sondern Influencer:innen und Aktivist:innen rund um den Globus.

Dicke Menschen, die öffentlich zeigen, dass es ihnen gut geht und dass sie sich wohlfühlen, sehen sich oft harscher Kritik ausgesetzt.

Sie würden negative Folgen ihres höheren Gewichtes verantwortungslos auf die Seite wischen oder gar leugnen. Ein gutes Leben kann für dicke Menschen nicht möglich sein, so der Tenor, das ist reine Einbildung und Verdrängung, Faulheit, weil sich Dicke nicht ändern wollen.

Dabei kann ich daran, jemanden zu ermutigen, sich zu trauen, einen Bikini oder Badeanzug in der Öffentlichkeit zu tragen, um schwimmen gehen zu können (Kampagnen wie „Every Body is a Bikini Body"), oder sich zur Wehr zu setzen, wenn man schlecht behandelt wird, nichts Verherrlichendes erkennen. Oftmals wird dazu ermutigt, sich gegen Benachteiligung zu wehren, ob im beruflichen Umfeld, bei Bodyshaming oder auch im medizinischen Bereich, bei schlechter Behandlung. Das **Aufbegehren gegen Demütigung und Diskriminierung** ruft bei vielen Menschen **Unverständnis** hervor. Laute Mehrgewichtige, die ihren Platz einfordern, die Respekt verlangen, fordern anscheinend heftige Gegenwehr heraus. Das gilt nicht nur für Plus-Size-Influencer:innen oder Fat-Acceptance-Aktivist:innen. Dicke Menschen, die in der Öffentlichkeit stehen, betrifft das genauso.

Dass dicke Menschen in Vorbildfunktion, in Führungspositionen, im Rampenlicht, ein sogenanntes dickes Fell brauchen, zeigen aktuelle Beispiele nur zu gut. Die österreichische Gesundheitsministerin, Korinna Schumann, wurde von einer anderen Politikerin öffentlich bloßgestellt. Der Wortlaut des Posts war „Darf ich vorstellen: unsere Gesundheitsministerin! Ohne Worte ..." Die Kommentare unter dem Post waren menschenverachtend. Besonders das Gewicht der Ministerin wurde dabei kommentiert mit „krank", „sehr ungepflegt, ungesund ...", „spiegelt den Zustand unseres Gesundheitssystems wider", um hier nur einige Wortmeldungen zu nennen.

Abgesehen davon, dass die Kommentare zu Korinna Schumann besonders hässlich ausfallen, weil sie Gesundheitsministerin ist, und wieder einmal der verinnerlichte Gedanke „dick kann mit gesund nichts zu tun haben" bei den Leuten zu Tage tritt, haben es dicke Menschen in wichtigen Funktionen bzw. generell in einer Position mit Vorbildcharakter schwer. Dabei können dicke Vorbilder Wichtiges zeigen und sagen: Du bist ok, hasse dich nicht selbst, tu dir Gutes, sei lieb zu dir, du kannst ein gutes Leben führen, du kannst erfolgreich sein, probier dich aus und mach, was du willst. Das sind meines Erachtens nach keine schlechten Botschaften.

Der Selbsthass, der bei dicken Menschen durch die gesellschaftliche Ablehnung ihrer Vorbilder entsteht, ist ein Teufelskreis, denn so kann kein gutes Verhältnis zum eigenen Körper entstehen.

Es gibt wenige dicke Vorbilder und umso mehr stehen die wenigen, die es gibt, alleine da und sind angreifbarer. In einer Gesellschaft, die dir permanent zu verstehen gibt, dass dein Aussehen falsch ist und dein Körper dich nur ins Unglück stürzen kann, konfrontiert mit einer Industrie, die von deinen Selbstzweifeln sehr gut leben kann, ist der Weg zum guten Körpergefühl schwierig. Dicke Vorbilder übernehmen hier eine Funktion für Mehrgewichtige, die sonst niemand ausfüllt, sie können Motivator:innen dafür sein, ein besseres Verständnis für den eigenen Körper zu entwickeln.

Dabei dem Vorwurf der Verharmlosung oder Verherrlichung ausgesetzt zu sein, sagt mehr über die Menschen, die laut „Glorifying Obesity" rufen, aus als über die, die dicke Menschen ermutigen, mit mehr Selbstwertgefühl durchs Leben zu gehen.

Representation matters

Zugegeben, Aktivist:innen provozieren natürlich auch gerne hinsichtlich dicker Vorbilder, zeigen Bilder dicker essender Menschen, nackter dicker Körper oder, wie z.B. die Performance-Künstlerin Veronika Merklein, preisen Pillen an, die eine bewusste Gewichtszunahme zur Folge haben sollen. In ihrer Performance „Fat Life" provoziert sie ganz bewusst und sagt „the fatter the better". Diese Dinge rütteln auf und irritieren. Um zu zeigen, wie wir als Gesellschaft mit dem Dicksein umgehen, wie wir Mehrgewichtige behandeln, wie sehr wir diskriminieren. Dabei wird der Gesellschaft ein Spiegel vorgehalten. Hier fällt mir auch ein Werk von Jakob Lena Knebl ein – das Selbstporträt „Fettecke" (2011): das ganz bewusste Zeigen und Ausstellen des dicken Körpers, der nicht ins gängige Schönheitsideal passt.

Warum gehen wir als Gesellschaft mit dem Dicksein so verächtlich und verletzend um, dass wir partout keine dicken Vorbilder akzeptieren können? Wie es Kayla Stansberry aka @fatpositivetherapist auf Instagram formuliert:

> **„Fat people should never have to dull their shine to make thin people more comfortable."**

Respekt für dicke Menschen zu fordern, daran ist nichts Verherrlichendes, es ist eigentlich das sogenannte „bare minimum". Das Geringste, dafür aber so Wichtige, das man Menschen entgegenbringen sollte.

Selbstermächtigung – der wichtige Schritt zur Gegenwehr

> **„There are 3 billion women who don't look like supermodels and only 8 who do." aus einer Werbekampagne von The Body Shop**

In meinem Zimmer hing in den 1990ern lange Zeit ein Poster, das mich immer lächeln ließ – darauf zu sehen war Ruby. Darüber der eingangs zitierte Spruch. 1997 startete das Unternehmen The Body Shop eine Selbstwertkampagne. Ruby war das Model dieser Kampagne. Eine dicke, rothaarige Puppe nach Barbiepuppen-Art, die eine weltweite Debatte über Selbstwert und Körperimage in Gang setzte. So seltsam es vielleicht klingen mag, aber Ruby gab mir persönlich sehr viel. Sie zeigte mir, dass es ok ist, so auszusehen, wie ich damals aussah. In einer Zeit, in der ein sehr schlankes Schönheitsideal vorherrschte und ich mich mit meinem dicken Körper oft sehr allein fühlte. Ruby hing an meiner Wand und erinnerte mich immer daran, dass ich nicht seltsam anders bin. Ich war gut so, wie ich war. Eine wichtige Botschaft für mich und viele Menschen weltweit.

Denn dicke Vorbilder, die in der Öffentlichkeit stehen und Verantwortung übernehmen, Führungspositionen bestreiten oder auch öffentlich sprechen sind essenziell. Die Herausgeberinnen von Plus Perfekt:

> **„Aus ästhetischer Sicht ist es wichtig unterschiedliche Körper zu sehen. Der Mensch findet schön, was er gewohnt ist zu sehen. Wenn das, was wir sehen, zu stark vorselektiert wird, ist das kein guter Weg. Es grenzt an Diskriminierung. Es gibt viele dicke Vorbilder, die uns inspirieren könnten, und sei es nur der Gedanke, sie sieht so aus wie ich, also kann ich das**

auch. Nur leider sind diese Vorbilder in unseren Medien noch immer unterrepräsentiert."[59]

Dicke Vorbilder sind ein wichtiges Gegengewicht zu den Verunsicherungen, die Mehrgewichtige ständig erfahren (wie in den Kapiteln zu Mode, Medizin und Diäten ausgeführt). Und es ist enorm wichtig, diese Unsicherheit überwinden zu können. Vor allem Frauen und weiblich gelesene Personen sind permanenter Kritik an ihren Körpern ausgesetzt. Sind sie mehrgewichtig, werden Druck und Hass noch größer.

Ich bin nicht die Erste, die sich die Frage stellt, ob diese ständige Beschäftigung mit unseren vermeintlichen Unzulänglichkeiten nicht auch eine Form der Unterdrückung darstellt. So beschreibt unter anderem die Autorin Naomi Wolf in ihrem Buch „The Body Is Not an Apology" den Druck, dünn zu sein, als politisches Instrument, um Frauen zu unterdrücken. Eine Form von Machtverlust, bzw. soll dadurch Macht wohl gar nicht erst erlangt werden können. Feminist:innen weltweit haben bereits über diese Theorie gesprochen und nicht umsonst ist eine Grundforderung des Feminismus körperliche Selbstbestimmung.

Im Zusammenhang mit der Serie „Bridgerton" hat ein Gespräch mit einer befreundeten Künstlerin diesen wichtigen Punkt für mich ins Spiel gebracht: Dicke Menschen haben keine Macht. Die Protagonistin der dritten Staffel hatte hingegen alle Fäden in der Hand, sie bestimmte in gewisser Weise die ganz Handlung. Ihr Körper stellte hier keine Barriere dar, sie hat sich durch ihr Schreiben ermächtigt. Unglück und Unsicherheit spielten da keine Rolle mehr. Vielleicht ist auch das eine wichtige Lehre: Wenn wir nicht immer nur so damit beschäftigt sind, unsere dicken Körper zu bekämpfen, wenn wir unsere Leben selbstbestimmt in die Hand nehmen und uns nicht von Körperkritik in die Schranken weisen lassen, uns Gutes tun und so auch unsere dicken Körper richtig kennenlernen, dann macht das aus einem großen Teil der Weltbevölkerung (denn wir wissen, es gibt immer mehr dicke Menschen auf dieser Welt) eine starke Mehrheit.

Im „Kleineren" gesprochen: Wenn wir stark durch unser Leben gehen, für uns eintreten, lernen, dass wir nicht schlecht sind und uns nicht für unser Äußeres schämen müssen, dann können wir uns auch ein Stück Macht zurückholen.

Macht darüber, wie wir behandelt werden, wie mit uns in Medizin, Wirtschaft und Politik umgegangen wird. Redet nicht über dicke Menschen, redet mit ihnen, redet mit uns!

WEIL WUT NICHT REICHT:

Wie geht „sich wehren"?

Mehrgewichtige lernen, nicht aufzubegehren, um sich nicht Spott und Hass auszusetzen. Doch es ist Zeit, das hinter sich zu lassen. Viele von uns sind auch wütend, weil wir schlecht behandelt, stigmatisiert und diskriminiert werden. Wie wäre es, wenn wir diese Wut in etwas Produktives umwandeln würden? Wie wäre es, wenn wir uns wehren?!

Meine Wut ist groß, das haben die vorherigen Kapitel hoffentlich gezeigt. Die Diskriminierung mehrgewichtiger Menschen hat massive Konsequenzen für Wirtschaft, Gesellschaft und Medizin. Wir verlieren dadurch gute Arbeitskräfte, der Output von Mitarbeiter:innen wird durch ein Arbeitsumfeld, in dem Bodyshaming stattfindet, verringert, all dies hat finanzielle Konsequenzen, im Besonderen auch für Frauen. Denn in sogenannten „White Collar"-Berufen (Berufe, die vorwiegend geistige Tätigkeiten wie Büroarbeit, Verwaltung, Beratung oder wissenschaftliche Forschung, Führungspositionen umfassen) spielt das Aussehen eine oft maßgebliche Rolle. Hier werden vor allem dicke Frauen schlechter bezahlt oder erst gar nicht eingestellt (wie das Beispiel der Rechtsanwältin mit den vielen Bewerbungen mit und ohne Foto deutlich gezeigt hat).

Das seit vielen Jahrzehnten einzementierte, öffentliche Bild von Faulheit und Dummheit von dicken Menschen prägt den Umgang mit Mehrgewichtigen, führt zu Ausgrenzung und sogar Hass. Ungenügende medizinische Versorgung, ein vorurteilsbeladener Blick von medizinischem Fachpersonal schaden der Gesundheit dicker Menschen nachhaltig.

Dabei geht es längst nicht mehr um Gesundheitsfragen. Es scheint, als ginge es dabei oft nur noch um den Verkauf von Produkten, die ein angeblich besseres Körpergefühl und ein schlankeres Äußeres versprechen. Damit einher geht die Meinung, dass ein schlanker Körper auch ein gesunder Körper ist. Ich bin so wütend.

In aller Deutlichkeit möchte ich hier noch einmal sagen: Das Unverständnis für Mehrgewicht hat weitreichende Auswirkungen auf uns alle.

Denn wie wir dicke Körper sehen, prägt den Blick auf alle Körper.

Es gilt, in das Bild des leistungsfähigen Körpers zu passen und jeder Mensch, der diesem Bild nicht entspricht, hat darunter zu leiden. Der gesellschaftliche Blick ist so verzerrt, dass wir vollkommen unverhältnismäßige Maßstäbe ansetzen. So soll eine 50-jährige Frau die gleichen Maße haben wie ein 14-jähriges Mädchen? Vor allem auf Social Media erlebt der Körperkult unglaubliche Auswüchse. Eine Gefährdung schon für sehr junge Menschen, die mit diesen Körperbildern aufwachsen. Auch das macht mich wütend.

Es macht mich auch sehr wütend, dass wir permanent damit beschäftigt sind, dem vermeintlich passenden Körperideal nachzueifern. Damit wird eine Maschinerie gefüttert, die mit unseren Unsicherheiten, mit unserer Scham sehr gute Geschäfte macht. Darüber hinaus wird ein unglaublich schwer zu erreichendes Maß an Schlankheit propagiert. Denn willst du, dass man dich gut behandelt, entscheidest du dich für das Schlanksein. Tust du das nicht, **scheint Diskriminierung gerechtfertigt**, denn du bist ja **selbst schuld, du willst es nicht anders**. Da stellt sich doch die Frage, was tun wir uns eigentlich gegenseitig an und wem bringt das etwas? Allen, die daran Geld verdienen.

Warum erzürnt es wildfremde Menschen, dass jemand dick ist – eine Person, die sie nicht kennen? Eine zentrale Frage für mich, die ganz zu Beginn der Arbeit an diesem Buch stand. Einige Antworten darauf finden sich im Laufe der vorangegangenen Kapitel. Wichtig ist hier der Blick auf die „Verdiener", die Geld damit machen, die Angst vor dem Dicksein zu propagieren.

Wofür wir eine Lösung brauchen

Manchmal würde ich einfach gerne schreien vor Wut, hin und wieder mache ich das auch. Das befreit. Aber wir brauchen eine bessere Lösung. Gerade jetzt sitze ich vor meinem Laptop, tippe diese Seite und gehe noch einmal die Analyse des Instituts für Höhere Studien in Wien durch. Fazit der Studie: Adipositas verursacht 8 Prozent der Todesfälle in Österreich und geht mit volkswirtschaftlich hohen Kosten einher.[60] Auf den Aspekt Gesundheit und Folgekosten bin ich bereits ausführlich eingegangen.

Was mich als Person, die im Bereich Gewichtsdiskriminierung arbeitet, immer wieder aufs Neue wütend macht, ist der Blickwinkel der Studien. Wo bitte ist die groß angelegte Studie darüber, warum mehrgewichtige Menschen oft so spät im medizinischen System aufscheinen, meist erst dann, wenn sie bereits krank sind?

Diskussionen rund um Mehrgewicht finden öffentlich bis dato kaum abseits der medizinischen Debatte statt, und in dieser nicht sinnbringend, zu eindimensional. Dieser Fokus allein aufs Gewicht und dessen Reduktion als Problemlösung ist nicht nur einseitig. Er negiert wichtige Faktoren, die, wenn es wirklich um die Gesundheit Mehrgewichtiger geht, nicht außer Acht gelassen werden dürfen. Statt zu medikalisieren, wäre hier ganz im Sinne eines gewichtsneutralen Denkansatzes ein weiterer Blick wichtig. Sozioökonomische Faktoren dürfen nicht derart außer Acht gelassen werden. Dies würde natürlich auch bedeuten, große Industrien wie z.B. die Lebensmittelindustrie unter die Lupe zu nehmen und hier Veränderungen (bessere Angabe von Inhaltsstoffen, Zusätze hinterfragen etc.) anzustoßen.

Doch diese Denkansätze finden politisch bis jetzt kein Gehör. Was wird angeführt, wenn es um Mehrgewicht geht, die volkswirtschaftlichen Kosten. Wieder ein Punkt, bei dem man den Dicken die Schuld geben kann. Ihr seid dick, deshalb läuft das schief. Ihr bringt eure Leistung nicht, deshalb stehen wir alle wirtschaftlich schlechter da. Wieder ein Grund, Mehrgewichtige öffentlich zu verdammen, in ihnen schlicht das Problem zu sehen.

Das System (Politik, Medizin, Gesellschaft) kann nicht versagen, es ist das Individuum, jeder einzelne dicke Mensch. So öffnen wir Tür und Tor für Beleidigungen, Erniedrigung und Diskriminierung. Lasst uns bloß nicht an unseren wirtschaftlichen oder gesellschaftlichen Grundnormen rütteln, die können kein Problem sein.

Ja, das macht mich wütend, ja da würde ich am liebsten losbrüllen, einfach so auf offener Straße: „Wollt oder könnt ihr nicht begreifen, dass euer Verhalten, euer Blickwinkel keine Lösung ist? Wollt ihr nicht verstehen, dass wir, wenn wir nicht aufhören, prekäre Arbeitsverhältnisse zu schaffen, Menschen schlecht zu bezahlen, den Zugang zu Bildung zu erschweren, und nicht endlich strengere Richtlinien für die Lebensmittelindustrie erarbeiten, das ‚Problem' nie verbessern werden?" Meist merke ich nach wenigen Minuten, dass diese Wut mich nirgends hinführt. Sie bringt nichts, sie stresst mich, lässt aber alle anderen kalt.

Einfach schreien ist also keine Lösung, Wut allein reicht nicht. Nicht, wenn sie einfach nur so stehen bleibt, wenn keine Veränderung folgt, keine Bewegung. Was also können wir tun, um Gewichtsdiskriminierung nicht weiter voranzutreiben, was können wir tun, um mehrgewichtige Menschen wirklich zu unterstützen, um ihnen ein lebenswertes, angenehmes Leben zu ermöglichen? Ein Leben, das wir, seien wir uns ehrlich, alle wollen – ein gutes Leben.

Weil Selbstliebe allein nicht reicht

> **„Selbstliebe ist in jedem Fall positiv und etwas Wichtiges, und auch ich habe meine Reise so gestartet, aber diskriminierende gesellschaftliche Strukturen und Handlungen lassen sich nicht einfach ‚wegselbstlieben'. Man stelle sich mal vor, wir würden Opfern von Rassismus, Sexismus, Antisemitismus, Behindertenfeindlichkeit oder Homophobie sagen ‚ach nimm das doch nicht so ernst, du musst dich einfach selbst lieben'. Unvorstellbar",**

sagt Melanie Dellenbach und sie hat damit meines Erachtens sehr recht. Denn Selbstliebe, oder wie ich es lieber nenne, Selbstrespekt, ist wichtig, um ein gutes Leben zu führen, um sich selbst zu ermächtigen und stark zu machen, um sich besser kennenzulernen. Diese individuelle Ebene kann uns zu einem besseren Körpergefühl verhelfen, wir setzen uns mit unseren Bedürfnissen oder auch Problemen auseinander. Was infolge sehr positive Auswirkungen auf unser Leben und unsere Gesundheit haben kann.

Doch wenn ich hoffe, eine Botschaft mit diesem Buch mitgegeben zu haben, dann die, dass die individuelle Ebene das eine ist, doch nur Veränderung auf der systemischen Ebene dazu beitragen kann, dass das Leben für Mehrgewichtige besser wird. Gewichtsdiskriminierung ist ein systemisches Problem und kann deshalb nur durch das und innerhalb des Systems gelöst werden. Das betrifft Politik ebenso wie Wirtschaft und Medizin.

Besonders die Wirtschaft, im speziellen Unternehmen im Bereich Mode oder auch Kosmetik, erzählen uns oft, wie wichtig Selbstliebe ist. Verbunden mit dem Kauf eines Produktes. Dabei bleiben wir ganz bei uns. Auf der eben angesprochenen, individuellen Ebene. Doch es geht um mehr als „nur" um das dicke Individuum.

> **„Ich werde als dicke Frau auch dann noch diskriminiert, wenn ich mich selbst zu 100 % liebe. Der Hinweis auf Selbstliebe lenkt den Fokus auf das Individuum und weg von gesellschaftlichen Strukturen. Und auf genau diese gilt es zu schauen. Selbstliebe kann Kräfte mobilisieren, um sich für strukturelle Veränderungen einzusetzen und ist sicherlich ein wichtiges Tool zur Selbstermächtigung, das Problem liegt aber woanders",**

so die Fettaktivistin Melanie Dellenbach weiter.
Hier komme ich darauf zurück, dass Begriffe wie Body Positivity zutiefst politisch sind. Dass es dabei um Entstigmatisierung und gesellschaftliche Veränderung geht. Werbung und Wirtschaft mögen den Begriff weichgewaschen und die ursprüngliche Bedeutung verschoben haben, doch es ist wichtig, dass wir uns wieder an eben diese politische Be-

deutung erinnern. Denn Körperpolitik ist wichtig. Sie beeinflusst vieles im Zusammenleben der Menschen. Gewichtsdiskriminierung kann eine Rolle für jeden Bereich des Lebens spielen. Ob Arbeit oder auch Medizin, Versicherungswesen oder auch Liebe, es ist wichtig, diese Aspekte in der öffentlichen Diskussion zu betonen, sie zum Thema zu machen. Also holen wir uns den Begriff „Body Positivity" zurück und nutzen ihn wieder dafür, wofür er eigentlich gedacht war: politische Veränderung.

Weil immer wieder Kritik laut wird, dass Body Positivity von dicken Menschen nur „vorgeschoben" wird, um sich nicht mit dem eigenen Dicksein auseinander setzen zu müssen, hier ein wichtiger Einschub. **Body Positivity negiert gesundheitliche Fragen nicht,** sondern – ganz im Gegenteil – **macht hier auf Ungleichheiten aufmerksam** und zeigt, wie mangelhaft z.B. gesundheitliche Versorgung mehrgewichtiger Menschen eigentlich ist.

Wie auch Melanie gesagt hat, Selbstliebe kann eine wichtige Basis sein. Doch diese Individualisierung wird auf Dauer das Problem der Gewichtsdiskriminierung nicht lösen.

„Body Positivity hat Grenzen", sagen viele. Denn wo kämen wir denn hin, wenn eine dicke Person auf Social Media frech in die Kamera grinst und sagt: „Ich esse so viel Schokolade, wie ich will!"? Um die Gesundheit der betreffenden Person machen sich viele in den Kommentaren dann große Sorgen. Body Positivity würde hier falsch verstanden, so geht das doch nicht. Das sei furchtbar ungesund und die dicke Influencerin schade sich damit doch nur selbst. Da könne man wieder einmal sehen, wie gesundheitsgefährdend die Body-Positivity-Bewegung eigentlich ist. Das sei doch nur ein Freifahrtschein, um sich gehen zu lassen und nicht auf sich zu achten, eine Rechtfertigung für mangelnde Disziplin.

Ich sehe das aus der entgegengesetzten Richtung, ich sage: Wir sind noch lange nicht bodypositiv genug, wir sollten noch viel weiter gehen.

Bei Body Positivity geht es nicht darum, wie gesund oder ungesund Mehrgewichtige sind. Es geht um Gleichbehandlung. An dieser Stelle kommt mir der Begriff „Body Neutrality" in den Sinn. Body Neutrality strebt eine neutrale Haltung zum eigenen Körper an, weg von der Beurteilung von Körpern, auch der des eigenen Körpers. Der Körper wird dabei als neutrale Hülle als Werkzeug verstanden. Abgekoppelt von Schönheitsidealen oder der Frage nach Selbstliebe.

Oft werde ich in Gesprächen gefragt, was ich davon halte, und ob Neutrality nicht viel effektiver in Fragen der Gleichbehandlung ist als Positivity. Denn ein neutraler Blick auf alle Körper, ganz ohne Wertung, ist einem körper-positiven Blick hier eventuell vorzuziehen. Body Neutrality sehe ich aktuell noch als Utopie. Eine erstrebenswerte und für mich schöne Utopie.

Doch solange dicke Körper so herabgewürdigt und mehrgewichtige Menschen diskriminiert werden, ist und bleibt der politische Begriff der Body Positivity für mich wichtig.

Ein politische Diskussion rund um Gewichtsdiskriminierung, Behandlung und Beurteilung dicker Körper ist meines Erachtens unumgänglich für nachhaltige Veränderung: Diskriminierung aufarbeiten, abschaffen und ein Umdenken bewirken. Dafür ist auch die Darstellung dicker Körper, das

Zeigen dicker Menschen auf Plakaten, im Fernsehen etc. wesentlich. Im Übrigen bin ich auch der Meinung, dass wir dicken Menschen uns gut mit unseren Körpern und den internalisierten Vorurteilen beschäftigen, diese verarbeiten sollten. Neutrality ist da für mich „erst" der nächste Schritt. Nachdem Aufarbeitungen und Diskriminierung ausreichend diskutiert und im besten Fall verändert wurden.

Als ich begonnen habe, dieses Buch zu schreiben, wollte ich es vermeiden, diesen einen Begriff zu verwenden: **Selbstmitgefühl**. Denn was bitte soll das wieder sein? Und wie soll uns das bitte helfen, den Umgang mit dicken Menschen zu verbessern, nachhaltig zu verändern?

Da man aber nie auslernt, das gilt auch für mich, habe ich bei der Recherche Folgendes gelernt. Tatsächlich ist Selbstmitgefühl ein wichtiger Begriff. Die bereits erwähnte Studie des Austrian Institute for Health Technology Assessment trifft eine wichtige Aussage: Selbstmitgefühl führt zu einer positiveren Einstellung Mehrgewichtigen gegenüber. Im Original „Personen mit Adipositas". Kurz gesagt, sind wir nett und mitfühlend zu uns selbst – sind wir auch nett und mitfühlender mit anderen.

Internalisierte Vorurteile begleiten uns oft ein ganzes Leben lang und machen uns ebenso das Leben schwer wie ein System, das uns schlecht behandelt.

Dabei erwerben wir Vorurteile gegenüber Dicken schon sehr früh. Wie in unseren Familien, bei Freund:innen über dicke Menschen gesprochen wird, in Werbungen, die wir sehen, wie getuschelt wird, wie Dicke ausgegrenzt werden. All das erleben wir bereits ab unserer frühesten Kindheit. So erlernte Muster werden weitergegeben und verinnerlicht. Daran zu arbeiten ist aufwendig, doch auch hier liegt ein Ansatz im Kampf gegen Gewichtsdiskriminierung.

Was es braucht, um Gewichtsdiskriminierung abzuschaffen

Gewichtsdiskriminierung spielt in viele Lebensbereiche hinein und hat nicht nur Auswirkungen auf jene 40 Prozent der Österreicher:innen, die statistisch übergewichtig oder adipös sind, sondern auf alle in der Gesellschaft, wie bereits ausgeführt. Jene, die direkt von der Diskriminierung betroffen sind – das ist ein wesentlicher Teil der österreichischen Bevölkerung – erleben aufgrund ihres Erscheinungsbilds und ihres BMI Benachteiligung und Belästigung in Arbeit, Gesundheit und ihrem Alltag. Dies kommt in Teilen einem Ausschluss an gesellschaftlicher Teilhabe gleich und kann gravierende Auswirkungen auf das tägliche Leben mit sich bringen.

Um Gewichtsdiskriminierung zu bekämpfen, braucht es diverse Maßnahmen und vor allem eines, ein Antidiskriminierungsgesetz.

> **„Ein Antidiskriminierungsgesetz muss Diskriminierung anhand des Merkmals Körpergewicht verbieten sowie Mehrfachdiskriminierung und intersektionale Diskriminierung berücksichtigen",**

erklärt die Fettaktivistin Melanie Dellenbach.
Doch um ein Gesetz gegen Gewichtsdiskriminierung zu forcieren, braucht es viel Initiative und Aufmerksamkeit für die Problematik. In Österreich ist diese Aufmerksamkeit noch kaum vorhanden. Einzig im medizinischen Bereich gibt es erste Studien, die sich hierzulande mit Gewichtsstigma beschäftigen. Darüber hinaus wird Diskriminierung aufgrund des Gewichts nicht besprochen.

Ich wiederhole mich, aber ich mache es gerne, um zu betonen, wie wichtig es ist: Es gibt in Österreich keine Anlaufstelle für Mehrgewichtige, die bei Diskriminierung berät oder dicke Menschen dabei unterstützt, gegen diese vorzugehen. Denn Gewichtsdiskriminierung gibt es ja offiziell nicht. Gesetzlich findet sie (noch) nicht statt und kann demzufolge auch nicht geahndet werden. Doch diese Anlaufstellen sind wichtig bzw. es ist wichtig, in bestehenden Institutionen wie z.B. der Antidiskriminierungsstelle Menschen zu beschäftigen, die sich mit Gewichtsdiskriminierung auskennen. Das wiederum ist nur möglich, wenn der Bedarf gesehen wird. Weshalb es wichtig ist, dass Mehrgewichtige bei Diskriminierungserfahrungen, bei Belästigung oder auch Mobbing aufgrund ihres Gewichts, dies melden.

Essenziell ist allerdings ein offenes Ohr von politischer Seite, um einen Diskurs über Gewichtsdiskriminierung auf allen Ebenen nachhaltig beginnen zu können. Dabei ist besonders wichtig, dass auch mehrgewichtige Menschen in den Dialog aktiv aufgenommen werden. „Sprecht mit Mehrgewichtigen, nicht über sie!", erwähne ich nicht zum ersten Mal, doch es ist ein so grundlegender Punkt, dass ich es hier erneut hinzufügen wollte.

Wenn es darum geht, wie man mit Mehrgewichtigen umgeht, dann ist es essenziell, diese auch in den Prozess miteinzubeziehen, sich unsere Perspektive anzuhören.

Die Kommunikation mit dicken Menschen ist sehr einseitig, die Außenwelt spricht und verurteilt, wir haben zuzuhören. Doch nur ein Dialog kann zur Verbesserung der Situation beitragen und damit langfristig Verbesserung bringen.

Sowohl Politik als auch Wirtschaft, Medizin, die Medien und die Gesellschaft selbst sind gefragt, wenn es um Veränderungen geht, die einen Abbau von Gewichtsdiskriminierung ermöglichen. Ein Gesetz ist jedoch nur die eine Seite. Denn es schafft rechtliche Rahmenbedingungen, die es von Diskriminierung Betroffenen ermöglicht, dagegen vorzugehen, und macht so den Weg frei, um Leitlinien zu entwickeln, die den Umgang mit Mehrgewichtigen auch in Medizin und Arbeitswelt fairer gestalten. Dieser so von der Politik angestoßene Veränderungsprozess wäre aber nur EIN wichtiger Schritt. Darüber hinaus ist eine **öffentliche, nicht herabwürdigende, so weit wie möglich objektive Debatte** über den Umgang mit Mehrgewichtigen wichtig. Wie werden dicke Menschen in den Medien dargestellt, wie gehen wir im öffentlichen Raum mit dicken Menschen um (was z.B. das Platzangebot betrifft), wie sprechen wir über dicke Menschen? Ohne die Diskussion dieser Fragen wird es nicht gehen.

Menschen zu diskriminieren, ist einfach falsch. Punkt. Diese Aussage würden viele Menschen unterschreiben (nein, leider lange nicht alle!). Realität ist aber, dass viele dennoch diskriminieren. Lang erlernte Vorurteile lassen sich nicht so einfach aus den Köpfen verbannen. Es gilt, erlernte Muster zu hinterfragen und zu verändern. Vor allem aber gilt es, das Verhalten als diskriminierend zu erkennen.

Unser Blick auf dicke Körper ist Jahrhunderte alt, wäre es nicht an der Zeit diesen weiterzuentwickeln? Ich stelle in diesem Buch viele Fragen, denn die Geschichte des Mehrgewichts ist eine Geschichte voller Vorurteile, voller Normen, voller Hass. Im Endeffekt schaden wir uns damit aber nur selbst.

Geht es konkret um Maßnahmen zur Bekämpfung von Gewichtsdiskriminierung, gibt es viele Punkte zu bedenken.

Hier einige Denkanstöße. Diese Liste ist bei weitem nicht vollständig und kann laufend ergänzt werden.

Politik

Es fehlt die Erkenntnis, dass Diskriminierung aufgrund des Gewichts existiert, dass dicke Menschen stigmatisiert werden und dass negatives Verhalten Mehrgewichtigen gegenüber kein Kavaliersdelikt ist und nicht selbstverständlich sein darf. Das Abwerten von Menschen ist falsch, das Abwerten von Menschen aufgrund ihres Gewichts ist es ebenso.

In öffentlichen Institutionen braucht es Mitarbeiter:innen, die sich mit dem Thema Gewichtsdiskriminierung auskennen. So z.B. in Antidiskriminierungsstellen, aber auch in Ministerien (z.B. im Gesundheitsministerium)

Im öffentlichen Raum finden dicke Menschen nicht ausreichend Platz. Ob Parkbänke oder auch Zugabteile (Mini Cabins / Schlafkapseln) und öffentliche Toiletten. Platz wird eingespart. Ein Verlust an Lebensqualität und teilweise auch an Teilhabe für Mehrgewichtige. Meine Frage: Wie kann hier mehr Raum geschaffen werden?

Die Verantwortung der Lebensmittelindustrie bei Kennzeichnungspflicht von Inhaltsstoffen und dem Verarbeiten von Produkten gilt es, weiter zu diskutieren.

Abwechslungsreiche Mahlzeiten an Schulen (für viele Kinder die einzige warme Mahlzeit am Tag) und Unterricht über Lebensmittel und Ernährung können das Verständnis für Ernährung und die Bedürfnisse des eigenen Körpers fördern.

Wollen wir Veränderung bewirken, dann gilt es auch, Mehrfachdiskriminierung zu bedenken. Die Lebenserfahrungen von dicken, queeren Menschen, dicken Frauen, dicken schwarzen Frauen, dicken Cis-Männern, dicken nicht binären Menschen usw. unterscheiden sich von einander und müssen Gehör finden und in eine Diskussion über Gewichtsdiskriminierung mit einfließen.

Medizin

Offene Diskussionen über den Einsatz des BMI dürfen nicht unterdrückt werden, neue Ansätze über Gewicht und Gesundheit (weg vom gewichtszentrierten Denken) dürfen nicht als Verharmlosung abgetan werden, sondern können wertvolle Alternativen sein.

Das Thema Gewichtsdiskriminierung sollte in der Ausbildung von medizinischem Fachpersonal besprochen werden. Dabei wäre es wichtig, nicht nur einen einmaligen Workshop abzuhalten. Vorurteile, die bestehen, sollten laufend und immer wieder angesprochen werden.

Ebenso ein essenzieller Punkt in der Ausbildung: Wie gehe ich im beruflichen Alltag mit Mehrgewicht um, wie lagere ich z.B. dicke Patient:innen? Im Zuge des Abbaus von Gewichtsdiskriminierung in der Medizin gilt es, auch diese Aspekte zu bedenken.

Auch in medizinischen Institutionen selbst sollte Gewichtsdiskriminierung besprochen werden. Workshops könnten hier helfen, um Aufmerksamkeit auf die eigenen Vorurteile zu lenken und diese zu verändern.

Verschiedene öffentliche Institutionen bieten Programme zur Verbesserung der Gesundheit und zur Gewichtsabnahme an. Gewichtsstigmatisierung spielt hier leider eine große Rolle. Sowohl sprachlich als auch im Aufbau der Programme. Zu fest verankert ist vorurteilsbeladenes Denken. Gewichtsreduktion als zentrales Ziel heißt nicht automatisch, die Gesundheit im Blick zu haben. Ein Beispiel: die Gewichtsreduktion zur Senkung des Selbstbehalts bei der SVS (Sozialversicherung der Selbstständigen in Österreich).

Equipment und Ausstattung in medizinischen Einrichtungen sind für mehrgewichtige Menschen nicht ausreichend. Ob Blutdruckmanschette oder Liege, die Größe und Belastbarkeit der Ausstattung zu überdenken kommt nicht nur mehrgewichtigen Menschen zu Gute, sondern allen Patient:innen.

Das Herstellen oder Wiederherstellen des Vertrauens zwischen Medizin und Mehrgewichtigen ist Grundvoraussetzung für Prävention und nachhaltige medizinische Betreuung, die die Gesundheit von Menschen im Fokus hat.

Medien

Die bildliche Darstellung dicker Menschen in den Medien sollte überdacht werden. Denn die Darstellung als „headless fatties" ist problematisch – Studien zeigen, dass diese Art der Berichterstattung zur Stigmatisierung und Vorverurteilung dicker Menschen beiträgt. Hier braucht es mehr Sensibilität und Bewusstsein.

Berichterstattung über Gewichtsdiskriminierung ist ebenso wichtig. Es wird in Artikeln oft über dicke Menschen gesprochen, sie werden selten in Gespräche miteinbezogen. Doch dies ist wichtig, um die Perspektive Mehrgewichtiger zu verstehen.

Dicke Hauptdarsteller:innen, dicke Schauspieler:innen in Film und Fernsehen, Kampagnen und auf Plakaten: Körperliche Diversität zu zeigen, darf kein Lippenbekenntnis sein. Es braucht keine Schauspieler:innen im Fat Suit, wieso können hier nicht dicke Akteur:innen eingesetzt werden?
Die dicken besten Freund:innen, die Menschen im Hintergrund, die Ungeschickten oder auch die Lustigen, diese Rollen werden dicken Menschen zugedacht. Wo sind Mehrgewichtige in Hauptrollen, im Vordergrund? Film und Fernsehen, Zeitschriften und Zeitungen können maßgeblich dazu beitragen Sehgewohnheiten zu ändern, indem sie dicke Körper zeigen.

Social-Media-Plattformen müssen zur Verantwortung gezogen werden. Auch hier ist es notwendig, ein Bewusstsein für Gewichtsdiskriminierung zu schaffen. Denn Hasskommentare und Drohungen nehmen teilweise überhand. Wo sind Kampagnen von öffentlicher Seite, die Hass gegenüber Mehrgewichtigkeit im Netz aufzeigen und dagegen vorgehen?
Es gibt in Österreich Initiativen gegen Hass im Netz – Gewicht sollte dabei als wichtiges Thema mit aufgenommen werden. Initiativen wie „Faires Netz" helfen rechtlich weiter, doch eine bessere Moderation von Kommentaren kann davor schon vieles verhindern.

Wirtschaft

Bodyshaming verursacht hohe Kosten für die Wirtschaft. Auch um diese zu verhindern, ist eine Sensibilisierung für das Thema wichtig. Hier können regelmäßige Workshops und Weiterbildung helfen.
Die Diätologin Katharina Kühtreiber weist auf die Wichtigkeit der Mittagspause in Unternehmen auf weitere wichtige Punkte hin: „Es sollte endlich wieder mehr Geld in

Qualität der Produkte sowie deren Zubereitung gesteckt werden. Es kann doch nicht sein, dass wir mit der besten Technologie ausgestattet sind, jedoch die Versorgung der Mitarbeiter:innen so wenig wie möglich kosten darf/soll."

Eine weitreichende Frage ist auch, ob Diätprodukte beworben werden sollten. Werbungen für Diätprodukte müssen in jedem Fall hinterfragt werden.

Dicke Menschen sind Kund:innen wie alle anderen auch, auf ihre Bedürfnisse sollte deshalb ebenso eingegangen werden. Hier gilt es, die Zielgruppe besser kennenzulernen, unternehmensinterne Vorurteile abzubauen und die Ansprache Mehrgewichtiger zu verbessern. Davon profitieren die Unternehmen ebenso.

Ganz maßgeblich ist hier auch die Modeindustrie gefragt. Statt dem Abbau von Plus-Size-Abteilungen im stationären Handel und dem Reduzieren von Plus-Size-Kleidung in Online-Shops ist ein Eingehen auf die Kundschaft gefragt. Angebot und Nachfrage treffen sich hier nicht. Darüber hinaus gilt es, Schnittmuster und Schnitte für größere Größen anzupassen und zu entwickeln.

Auch in die Ausbildung im Modebereich gilt es zu investieren. Wo sind die Lehrgänge zur Ausbildung von Designer:innen, die Plus-Size-Körper kennen und entsprechende Designs entwickeln können?

Gesellschaft

Das Sprechen über internalisierte Vorurteile und das Arbeiten an internalisierten Vorurteilen sind ein wichtiger Faktor, wenn es darum geht, gegen die Diskriminierung aufgrund des Körpergewichts vorzugehen. Denn Vorurteile, die wir uns selbst gegenüber haben, prägen auch, wie wir andere Menschen sehen. Das zeigt nicht zuletzt die von mir erwähnte Studie des Austrian Institute for Health Technology Assessment[61]. Menschen, die Vorurteile gegen ihre eigenen dicken Körper haben, haben diese auch bei anderen.

Wie sprechen wir über Bewegung? Oft in Verbindung mit Sport und Leistung. In dem Irrglauben: Bewegung, die nicht weh tut, die einem nichts abverlangt, sei kein Sport, bringe nicht so viel.
Der Leistungsdruck gehört raus aus der Bewegungsdiskussion. Um die Freude an der Bewegung (wieder) zu finden, gilt es, viel individueller zu denken. Nicht jeder Mensch läuft gerne oder fährt Fahrrad. Ganz nach den eigenen Möglichkeiten Gelegenheiten für Bewegung zu finden, ist wichtig und sollte unterstützt werden. Hier sollten auch Fitnesscenter in die Pflicht genommen werden. Keine beschämenden Werbeslogans, keine Mitarbeitenden, die dicke Menschen demütigen. Es gilt hier, genau hinzuschauen und einen Ort zu schaffen, an dem alle Körper willkommen sind.

Austausch fördern. Sowohl in der Medizin als auch in anderen Lebensbereichen – sprecht nicht über dicke Menschen, sprecht mit ihnen. Eine erneute Wiederholung an dieser Stelle, weil es für viele Bereiche gilt und so wichtig ist.

Apropos Sprache: Wie wir mit anderen sprechen, zeigt, was wir von ihnen halten. Sensibilität ist hier wichtig. Dazu gehört auch ein offener Diskurs über Begriffe wie Mehrgewicht. Auf Augenhöhe miteinander sprechen und dadurch auch Verständnis für einander schaffen, das sollte hier das Ziel sein.

Wo ist die Lobby für mehrgewichtige Menschen? Vereinzelt gibt es Initiativen, doch die Zivilgesellschaft ist hier gefragt. Ein Zusammenschluss und ein Arbeiten der Vereine und Initiativen gegen Gewichtsdiskriminierung über Landesgrenzen hinweg kann den Kampf gegen die Diskriminierung aufgrund des dicken Körper vorantreiben.

Was können wir alle persönlich tun?

Die vorher beschriebene, nicht vollständige Liste klingt sehr erschöpfend und wirft vielleicht die Frage auf, was das Individuum tun kann. Denn wie kann man selbst dazu beitragen, dass über Gewichtsdiskriminierung gesprochen wird, dass Veränderung in Gang gesetzt wird? Jeder Mensch kann etwas tun.

Wichtig ist es, ein Bewusstsein für die Thematik zu schaffen, sich bewusst zu machen, dass die Behandlung, die man aufgrund seines Körpergewichts erfährt, nicht in Ordnung ist.

Es gibt zahlreiche Bücher und Podcasts zum Thema Body Positivity und Fat Acceptance. Social Media Creators, die sich mit Gewichtsdiskriminierung, Fat Acceptance und einem guten Körpergefühl auseinandersetzen, sind oft eine gute Quelle für Informationen.

Nicht jedes Unternehmen, das mit Selbstliebe und Selbstfürsorge wirbt, hat nur Gutes für dicke Menschen im Sinn. Stellen wir uns die Frage: Geht man wirklich auf uns ein, beschäftigt man sich mit uns, mag man uns oder versucht man einfach nur lieblos eine neue Zielgruppe zu erobern? Wir sind viele, wir haben Macht.

Das Zusammenarbeiten innerhalb der Plus-Size-Community sollte mehr besprochen werden. Denn so wird man auch öffentlich ernster genommen. Es gibt eine Community; es gibt gemeinsame Leidensgeschichten, aber auch das gemeinsame Aufbauen und Bestärken ist möglich. Vor allem, wenn wir uns bewusst werden, dass wir viele sind, wird es auch leichter, sich laut zur Wehr zu setzen, wenn Unrecht geschieht. Initiativen wie die Gesellschaft gegen Gewichtsdiskriminierung in Deutschland sind hierfür gute Beispiele.

Denn was essenziell ist, ist Solidarität unter dicken Menschen.

Diese ist allerdings oft schwer zu finden. Internalisierte Vorurteile und der gesellschaftliche Druck, das Dicksein als Fehler zu betrachten, machen solidarisches Verhalten oft schwer. Gewichtsdiskriminierung betrifft alle Mehrgewichtigen (wenn auch je nach Körperumfang in unterschiedlichem Ausmaß), von Veränderung profitieren wir also alle.

„Alle" bedeutet die gesamte Gesellschaft, denn wenn wir vom Abbau von Gewichtsdiskriminierung sprechen, dann geht es um viele Lebensbereiche, das Hinterfragen des Kapitalismus, die Wertigkeit von Menschen, der Druck der Schönheits- und Diätindustrie, die Normierung von Körpern, die Art, wie wir miteinander umgehen und Zusammenleben. Es sind grundlegende Fragen, die die Bewegung gegen Gewichtsdiskriminierung stellt. Fragen, die eben alle betreffen, also lasst uns miteinander sprechen. Denn bis jetzt gibt es erst vereinzelt Gesetze gegen Diskriminierung aufgrund des Körpergewichts. Es gibt weltweit zwar Initiativen, die sich gegen Gewichtsdiskriminierung stark machen, doch ist gesellschaftlich, politisch oder auch medizinisch noch viel zu wenig Bewusstsein dafür da. Bis dato betrachten wir Fragen wie die Kosten des Mehrgewichts für das Gesundheitssystem, streiten über den BMI und darüber, wie gesund oder ungesund ein Mehr an Gewicht ist. Wir betrachten nur eine Seite. Über das Angehen von Vorurteilen und die Möglichkeit, dass dadurch mehrgewichtige Menschen ein besseres Leben führen könnten, sprechen wir nicht. Dieses einseitige Bild verhindert dringend notwendige Veränderung. Es ist Zeit, dies zu ändern.

DANKSAGUNG

Danke an all die starken, wunderbaren Frauen und Menschen in meinem Leben:

Meine Mama, ohne die ich nicht die Frau wäre, die ich heute bin. Danke fürs Starkmachen und Lautsein, dafür, selbstbewusst groß zu werden, fürs Neugierigmachen und immer Motivieren. Danke für alles, Mama.

Veronika, die meinen Blick weiter, mein Verständnis für Körperpolitik größer gemacht hat, die an mich glaubt, wenn ich es selbst mal nicht kann. „Ich kann doch kein Buch schreiben?!" – „Doch, kannst du!"

Edita, die nicht nur zuhört und Kraft gibt, wenn es mal nicht so läuft, sondern mit der neue Ideen zu schmieden, einfach das Beste ist. Und vergessen wir nicht all den Glitzer, wer würde sonst so viel „Sparkle" in mein Leben bringen?

Rhea für „Sitz nie vor einem weißen Blatt" und viele weitere wichtige Tipps, die es mir leichter gemacht haben, und für die erste dicke Heldin in meinem Leben.

Anna, für stundenlange Gespräche (viele, viele Stunden) und die Beantwortung so vieler Fragen.

Ursula, nicht nur für die schönsten Fotos, sondern auch für die Unterstützung beim Schreiben.

Sonja und Alexandra, die mich über Grenzen hinweg pushen, die ich mir selbst gesetzt habe und die mich nur kleiner machen.

Ein großes Danke an meine Lektorin Clara. Für das Verständnis, die Ermutigung, das kritische Hinterfragen und die professionelle Unterstützung.

Danke auch an Natalie, Stephanie, Nane, Chris, Ann-Christine, Christine, Katharina, Melanie, Adam und alle, mit denen ich für dieses Buch über Plus Size und Gewichtsdiskriminierung sprechen durfte.

Danke Hans, fürs immer Dasein und immer Bestärken, Mut Zusprechen, Zweifel Vertreiben, Anfeuern, Taschentuch und Ventilator Reichen und stundenlanges Durchdiskutieren all meiner Ideen. Nicht zu vergessen: fürs wieder auf den Boden Bringen und in den Arm Nehmen, wenn ich den Kopf verliere.

... und so viele mehr, dass ich alleine ein Buch darüber schreiben könnte, wie toll es ist, Menschen in seinem Leben zu haben, die es so bereichern. Ohne euch wäre mein Leben viel weniger bunt. Danke.

LITERATUR

Charlotte Cooper, 2016: Fat Activism: A Radical Social Movement, HammerOn Press

Juan Dolado / Luigi Minale / Airam Guerra, 2023: „Uncovering the roots of obesity-based wage discrimination: The role of job characteristics", Labour Economics 85, https://doi.org/10.1016/j.labeco.2023.102425

Roxane Gay, 2017: Hunger: A Memoir of (My) Body, HarperCollinsPublishers

Anja Herrmann / Tae Jun Kim / Evangelia Kindinger / Nina Mackert / Lotte Rose / Friedrich Schorb / Eva Tolasch / Paula-Irene Villa Braslavsky (Hg.), 2022: Fat Studies: Ein Glossar, transcript

Kathleen Le Besco, 2003: Revolting Bodies? The Struggle to Redefine Fat Identity, University of Massachusetts Press

Elisabeth Lechner, 2021: Riot, don't diet! Aufstand der widerspenstigen Körper, Kremayr & Scheriau

Susie Orbach, 2022: Bodies. Im Kampf mit dem Körper, Arche

Achim Peters, 2014: Mythos Übergewicht: Warum dicke Menschen länger leben, btb

Lotte Rose, Friedrich Schorb (Hg.) 2017: Fat Studies in Deutschland. Hohes Körpergewicht zwischen Diskriminierung und Anerkennung, Beltz Juventa

Sabrina Strings, 2019: Fearing the Black Body: The Racial Origins of Fat Phopia, New York University Press

Stephanie von Liebenstein, 2024: Rechtlicher Schutz vor Gewichtsdiskriminierung. Eine Expertise zur Erweiterung des Merkmalskatalogs des Landesantidiskriminierungsgesetzes Berlin, Senatsverwaltung für Arbeit, Soziales, Gleichstellung, Integration, Vielfalt und Antidiskriminierung

Marylin Wann, 1998: Fat! So? Because You Don't Have to Apologize for Your Size, Clarkson Potter/Ten Speed

Naomi Wolf, 1990: Der Mythos Schönheit, Rowohlt

ANMERKUNGEN

1 Natalie Rosenke: *Sprache*, in: Anja Herrmann / Tae Jun Kim / Evangelia Kindinger / Nina Mackert / Lotte Rose / Friedrich Schorb / Eva Tolasch / Paula-Irene Villa Braslavsky (Hg.), 2022: *Fat Studies: Ein Glossar*, transcript, S. 257.

2 Elisabeth Lechner, 2021: *Riot, don't diet! Aufstand der widerspenstigen Körper*, Kremayr & Scheriau, S. 33.

3 Vgl. https://www.wien.gv.at/verwaltung/antidiskriminierung/definition/index.html

4 Stephanie von Liebenstein, 2023: Vortrag zum Thema Gewichtsdiskriminierung, *Dicksein als Behinderung*, im Rahmen einer Workshopreihe der Gesellschaft gegen Gewichtsdiskriminierung Deutschland.

5 Stephanie von Liebenstein: *Fat Rights*, in: Herrmann u.a. (Hg.), 2022: *Fat Studies*, S. 109–111.

6 *(Strukturelle) Diskriminierung*, eine Studie von Kantar, Public Division im Auftrag des Presse- und Informationsamtes der Bundesregierung (BPA). München: 2019; https://doi.org/10.4232/1.13402

7 Stephanie von Liebenstein, 2024: *Rechtlicher Schutz vor Gewichtsdiskriminierung*. Eine Expertise zur Erweiterung des Merkmalskatalogs des Landesantidiskriminierungsgesetzes Berlin, Senatsverwaltung für Arbeit, Soziales, Gleichstellung, Integration, Vielfalt und Antidiskriminierung.

8 https://www.wien.gv.at/verwaltung/antidiskriminierung/definition/formen.html

9 https://www.antidiskriminierungsstelle.steiermark.at/cms/beitrag/12528448/132631589/

10 Achim Peters, 2014: *Mythos Übergewicht: Warum dicke Menschen länger leben*, btb, S. 115f.

11 Ebd. S. 116.

12 https://www.antidiskriminierungsstelle.steiermark.at/cms/beitrag/12528448/132631589/

13 Angelina R. Sutin / Yannick Stephan / Antonio Terracciano, 2015: *Weight Discrimination and Risk of Mortality*, in: *Psychological Science*, Sept. 29, 2015. https://pmc.ncbi.nlm.nih.gov/articles/PMC4636946/

14 Natalie Rosenke: *Sprache*, in: Herrmann u.a. (Hg.), 2022: *Fat Studies*, S. 257–259.

15 Roxane Gay, 2017: *Hunger: A Memoir of (My) Body*, HarperCollinsPublishers, S. 120. Übersetzt: „Wenn Sie übergewichtig sind, wird Ihr Körper in vielerlei Hinsicht zu einem öffentlichen Dokument. Ihr Körper wird ständig und deutlich zur Schau gestellt. Menschen projizieren vermeintliche Narrative auf Ihren Körper und interessieren sich überhaupt nicht für die Wahrheit über Ihren Körper, wie auch immer diese aussehen mag."

16 Natalie Rosenke: *Gesundheit*, in: Herrmann u.a. (Hg.), 2022: *Fat Studies*, S. 129–131.

17 https://scilog.fwf.ac.at/magazin/wenn-essen-zum-feind-wird

18 Charlotte Cooper, 2016: *Fat Activism: A Radical Social Movement*, HammerOn Press, S. 24. Cooper zitiert an dieser Stelle aus: Stein and Hoffstein, *Proceedings of the First Feminist Fat Activists' Working Meeting*: April 18–20, 1980, New Haven. Übersetzt: „Die Probleme fetter Menschen werden nicht als politische, sondern als medizinische Probleme betrachtet, und nicht als Probleme, die einer politischen, sondern einer medizinischen Lösung bedürfen."

19 Thomas Czypionka (Projektleitung), Miriam Reiss, Stefanie Reinzinger (Projekttteam): *Volkswirtschaftliche Kosten von Adipositas in Österreich über den Lebenszyklus*, Laufzeit Juni 2021 – Mai 2022, Veröffentlicht: 9. Oktober 2024, IHS – Institute for Advanced Studies .

20 https://www.wko.at/pages/wiener-wirtschaftskreis/broschuere-adipositas-ernaehrung.pdf

21 Ebd., S. 2.

22 Ebd.

23 Ebd., S. 30.

24 Ergebnisse einer Umfrage aus dem Jahr 2024 unter rund 2000 Personen ab 16 Jahren, präsentiert 2024 von der Gesundheit Österreich GmbH (GÖG)

25 Vgl. z.B.: Juan Dolado / Luigi Minale / Airam Guerra, 2023: *Uncovering the roots of obesity-based wage discrimination: The role of job characteristics*, Labour Economics 85, https://doi.org/10.1016/j.labeco.2023.102425

26 Sabrina Strings, 2019: *Fearing the Black Body: The Racial Origins of Fat Phopia*, New York University Press, S 6. Übersetzt: „Ich behaupte, dass zwei entscheidende historische Entwicklungen zu einem Schönheitsfetisch und einer Fettphobie beigetragen haben: der Aufstieg des transatlantischen Sklavenhandels und die Ausbreitung des Protestantismus. Die rassistische Rhetorik der Sklaverei brachte Fettleibigkeit mit ‚gierigen' Afrikanern in Verbindung. Und religiöse Diskurse legten nahe, dass übermäßiges Essen gottlos sei."

27 https://iris.who.int/handle/10665/63854

28 Lee Stoner / Jon Cornwall, 2014: *Did the American Medical Association make the correct decision classifying obesity as a disease?*, The medical Journal of Australia 2014 Nov. 30; 7(11), S. 462–464, doi: 10.4066/AMJ.2014.2281. Übersetzt: „Die American Medical Association (AMA) hat Fettleibigkeit kürzlich als Krankheit eingestuft und definiert sie als Adipositas ab einem Body-Mass-Index (BMI) über 30,1. Diese Entscheidung widersprach dem Rat des Ausschusses für öffentliche Gesundheit und Wissenschaft und löste in der medizinischen Fachwelt weit verbreitete Unzufriedenheit und Diskussionen aus. Diese Einstufung hat potenzielle Auswirkungen auf die Gesundheitsversorgung weltweit, und viele Faktoren müssen berücksichtigt werden, um zu entscheiden, ob die Einstufung von Fettleibigkeit als Krankheit tatsächlich angemessen ist."

29 Katherine M. Flegal / Brian K. Kit / Heather Orpana / Barry Graubard, 2013: *Association of all-cause mortality with overweight and obesity using standard body mass index categories: a systematic review and meta-analysis*, https://pubmed.ncbi.nlm.nih.gov/23280227/

30 https://www.zeit.de/zeit-magazin/2023/46/uebergewicht-koerperbild-diskriminierung-aengste-scham

31 Erfahrungsbericht einer Followerin der Autorin für einen Artikel von: *Curvect Blogazine – Gewichtsdiskriminierung am Arbeitsplatz: Dick, Dumm, Arbeitslos?*, Wien, 1. Mai 2019.

32 https://bmcpublichealth.biomedcentral.com/articles/10.1186/1471-2458-12-525

33 https://uni-tuebingen.de/uploads/media/12-08-23Adipositas_und_Beruf.pdf

34 https://www.meinbezirk.at/burgenland/c-leute/uebergewicht-bei-frauen-als-nachteil-in-der-arbeitswelt_a6853354

35 Aus einem Interview der Autorin mit einer Verantwortlichen der Antidiskriminierungsstelle Steiermark. Schriftliches Interview, E-Mail, 4. März 2025.

36 Vgl. https://www.zeit.de/arbeit/2018-11/mobbing-arbeitsplatz-uebergewicht-rechtsanwaeltin

37 Elisabeth Lechner, 2021: *Riot, don't diet!* S. 84.

38 https://www.antidiskriminierungsstelle.steiermark.at/cms/beitrag/12528448/132631589/

39 Vgl. z.B.: https://cepr.org/voxeu/columns/weight-discrimination-how-obesity-affects-wages-and-why-it-matters oder Dolado u.a., 2023: *Uncovering the roots of obesity-based wage discrimination: The role of job characteristics*, https://doi.org/10.1016/j.labeco.2023.102425

40 https://www.bbc.com/worklife/article/20220411-the-unspoken-weight-discrimination-problem-at-work

41 Vgl. Rhiannon Ytsenga / Rhea Banerjee / Jares Streatfeild / Katherine McGregor u.a., 2024: *The economic and social costs of body dissatisfaction and appearance-based discrimination in the United States*, Eating Disorders, 32(6), S. 572–602. https://doi.org/10.1080/10640266.2024.2328461

42 Aus einem Interview der Autorin mit Melanie Dellenbach, schriftliches Interview, E-Mail, 10. März 2025.

43 https://www.wundercurves.de/magazin/a/umfrage/

44 Aus einem Interview der Autorin mit Christine und Ann Christin Scharf, schriftlich geführt, Herausgeberinnen des Magazins *Plus Perfekt*, schriftlich geführt, E-Mail, 30. Jänner 2025.

45 Aus einem Interview mit der Designerin und Influencerin Christine Clench, schriftliches Interview, via Mail, 30. Jänner 2025

46 Stephanie von Liebenstein, 2024: *Rechtlicher Schutz vor Gewichtsdiskriminierung*, Eine Expertise zur Erweiterung des Merkmalskatalogs des Landesantidiskriminierungsgesetzes Berlin. Senatsverwaltung für Arbeit, Soziales, Gleichstellung, Integration, Vielfalt und Antidiskriminierung, S. 11.

47 *Strategien zur Reduktion von Gewichtsstigmatisierung bei Personen mit Übergewicht oder Adipositas im Gesundheitswesen*, https://eprints.aihta.at/1547/1/HTA-Projektbericht_Nr.160.pdf

48 Achim Peters, 2014: *Mythos Übergewicht*, S. 124.

49 *Strategien zur Reduktion von Gewichtsstigmatisierung bei Personen mit Übergewicht oder Adipositas im Gesundheitswesen* https://eprints.aihta.at/1547/1/HTA-Projektbericht_Nr.160.pdf .

50 Aus einem Interview der Autorin mit der Diätologin Katharina Kühtreiber, schriftlich geführt, E-Mail vom 17. März 2025.

51 Judith S. Beck, 2009: *The Beck Diet Solution: Train Your Brain to Think Like a Thin Person*, TI Inc. Books

52 https://www.handelsblatt.com/unternehmen/industrie/novo-nordisk-abnehm-hype-europas-wertvollster-konzern-wehrt-patienten-ab/100034294.html

53 Vgl. https://de.statista.com/prognosen/313660/herstellung-von-diaet-nahrungsmitteln-umsatz-in-deutschland/

54 Branchenanalyse: https://www.marketdataforecast.com/market-reports/europe-weight-loss-and-diet-management-market

55 *Hims&Hers Big Game Commercial: Sick of the System*, https://www.youtube.com/watch?v=l5l6QMNnqoc

56 Vgl. https://de.qz.com/ihn-ihr-zusammengesetztes-semaglutid-ozempic-wegovy-1851759375

57 Michael Penkler: *Bariatrische Chirurgie*, in: Herrmann u.a. (Hg.), 2022: Fat Studies, S. 56.

58 Aus einem Interview der Autorin mit Melanie Dellenbach, schriftliches Interview, E-Mail, 10. März 2025.

59 Aus einem Interview der Autorin mit Christine und Ann Christin Scharf, Herausgeberinnen des Magazins *Plus Perfekt*, schriftlich geführt, E-Mail, 30. Jänner 2025.

60 Thomas Czypionka / Stephanie Reitzinger, 2024: *Volkswirtschaftliche Kosten von Adipositas in Österreich*, IHS Wien, https://www.ihs.ac.at/current/media/press-releases/adipositas-verursacht-bereits-8-aller-todesfaelle-in-oesterreich-tendenz-steigend/, https://www.ihs.ac.at/fileadmin/public/2016_Files/Documents/2024/Presseaussendungen/20241009_PK_Adipositas_IHS_OEAA.pdf

61 HTA Austria, 2024: *Strategien zur Reduktion von Gewichtsstigmatisierung bei Personen mit Übergewicht oder Adipositas im Gesundheitswesen*, Endbericht, https://eprints.aihta.at/1547/1/HTA-Projektbericht_Nr.160.pdf

www.kremayr-scheriau.at

ISBN 978-3-218-01485-4

Rotenturmstraße 27/5, 1010 Wien
office@kremayr-scheriau.at

Umschlag, Typografie und Satz: Michaela Bertschler, buchgestaltung.at
Lektorat: Clara Schermer
Coverfoto:Ursula Schmitz
Druck und Bindung: Florjančič tisk d.o.o., Slowenien